Kick boxing
모두를 위한
킥복싱

모두를 위한 킥복싱

인쇄 | 2017년 5월 25일
발행 | 2017년 5월 31일
저자 | 강덕화
발행인 | 김상일
발행처 | 혜성출판사
발행처 주소 | 서울시 동대문구 신설동 114-91 삼우 B/D A동 205호
전화 | 02)2233-4468　FAX | 02)2253-6316
사진작업 | 유진영
표지·본문디자인 | 오영아
인쇄 | 삼진프린텍
등록번호 | 제6-0648호
홈페이지 | http://www.hyesungbook.com

정가 30,000원

ISBN 979-11-86345-28-3(03690)

* 이 책의 무단복제 또는 무단전재는 법으로 금지되어 있습니다.

Kick boxing
모두를 위한
킥복싱

강덕화 著

프롤로그(Prologue)

이 책은 대한민국 최초의 킥복싱 교재(敎材)입니다.

국내에서 킥복싱을 수련하는 인구가 연간 10만 명을 넘는 중에도 지금까지 태권도나 복싱과 같이 전문 서적, 교재가 없었다는 사실은 매우 안타까운 일이 아닐 수 없었습니다.

그동안 킥복싱 전문 교재에 대한 필요성은 있었지만 이에 대한 전문 서적의 출판이 이루어지지 않았던 터에, 비록 가진 재주는 부족하지만 나라도 괜찮다면 킥복싱에 대한 전문 서적을 출판해보자! 하고 마음먹은 것이 2017년 초의 일이었습니다.

사실 지금까지 국내에서 킥복싱에 대한 전문 서적, 교재가 만들어지기 힘들었던 이유는 각 체육관마다, 지도자 마다, 선수나 수련생마다 배우고 가르치는 방법이 모두 다르고, 그 기술을 활용하는 방식에 있어서도 모두 약간씩의 차이가 있기 때문에 "킥복싱이란 이런 것이다!" 라고 하나의 통일된 체계를 제시하기에는 그 범위가 지나치게 광범위하기 때문이었습니다. 자칫 "이것이 정통 킥복싱의 기술이다!" 라고 주장하며 책을 출판했다가는 많은 이들의 비판과 비난, 반대 의견들을 받을 수도 있을 것입니다.

저는 제가 출판한 "모두를 위한 킥복싱"에는 감히 정통(正統), 교범(敎範), 통일안(統一案) 과 같은 명칭을 부여하지는 않겠습니다.

저는 제 책을 다음과 같이 정의하고 싶습니다.

"모두를 위한 킥복싱" 은 킥복싱을 가르치고 배우는 여러 유형(有形)과 방식(方式)들 중 일부분에 대해 설명한 교재(敎材)입니다.

제가 이 책 "모두를 위한 킥복싱"을 통해 소개하는 기술들과 방식들은 킥복싱의 유일하고 절대적인 방식이 아닌, 하나의 예를 설명한 것이라는 점, 이 지면을 통해 확실히 밝혀 두는 바입니다.

아울러 이 책에서 소개하는 것과 다른 기술과 방식들 역시 킥복싱의 또 다른 유형으로서 존중해 주시길 부탁드립니다.

킥복싱의 기술과 방식은 "어떻게 하면 더 강하고 빠르고 정확하게 싸울 수 있는가?" 라는 물음에서부터 시작해 저마다의 다른 수련과 경험, 고민과 연구에서 얻어진 해석과 결과들을 통해 서로 다른 모습을 보이게 되었습니다.

체육관마다, 지도자마다, 선수마다, 킥복싱을 하는 방법과 양식, 스타일이 다른 것은 너무나 당연한 일입니다.

그들 저마다 더 나은 방법을 위해 고민하고 연구하고 노력했다는 뜻이기 때문입니다.
저는 나와 방식이 다른 것은 틀린 것이 아니라, 단지 나와 조금 다른 모습을 가지고 있는 것뿐이라고 생각합니다.

"모두를 위한 킥복싱"을 읽어 주시는 독자 여러분들도 부디 이와 같은 관점에서 이 책을 읽어주시고 수련에 참고해 주시기 바랍니다.

저는 "모두를 위한 킥복싱"이 우리나라의 유일한 킥복싱 전문 서적, 교재가 되기를 바라지 않습니다. 이 책을 필두로 더 많은 킥복싱 관련 서적들이 출판될 수 있기를 바라고, 아울러 많은 분들이 킥복싱에 더 많은 관심을 가져 주시길 바라는 마음으로 책을 냅니다.

2017년 봄, 강덕화

추천사

대한킥복싱협회
사무총장 공선택

안녕하십니까, 대한킥복싱협회 공선택 사무총장입니다.

전 세계 148개국, 세계 공통의 엘리트 킥복싱, WAKO 킥복싱을 대한민국 모든 이들에게 전파하겠다는 사명감으로 달려 온지도 벌써 어언 10여년이 되었습니다.

WAKO KOREA 사단법인 대한킥복싱협회는 지난 2008년부터 지금까지 매년 10여 차례의 전국 규모 경기 대회를 개최하고 있으며 스포츠 어코드 월드 컴뱃 게임, 실내 무도 아시안게임, 세계킥복싱 선수권 대회 등 국제 대회에 선수들을 파견하는 등 국내외에서 왕성한 활동을 이어가고 있습니다.

이 같은 활동에 힘입어 2012년 12월 18일, 대한킥복싱협회는 대한체육회의 가맹경기단체(준)로 승인되었고, 국내에서 개최된 여러 스포츠 이벤트를 주관하였습니다. 뿐만 아니라 2013년에는 대한킥복싱협회가 경찰청 무도 가산점 인정 단체가 되었고, 전국 체전에서도 전시 종목으로 채택되기도 했습니다.

대한킥복싱협회가 주관한 2013년 7월 제 4회 인천실내무도 아시안 게임 킥복싱 종목 경기에서 대한민국 킥복싱 국가대표팀은 로우킥 종목에서 금메달 1개와 은메달 1개, 동메달 1개, 포인트 파이팅 종목에서 금메달 1개, 동메달 1개를 획득하며 총 금 2, 은 1, 동 1로 킥복싱 종목 아시아 종합 2위를 달성하였습니다.

또한, 2016년 9월 제 1회 청주 세계 무예 마스터십 대회에서도 킥복싱 종목 경기를 주관하였고, 이 대회에서 국가대표 헤드 코치 역할을 수행한 강덕화 관장이 이끄는 대한민국 킥복싱 국가대표팀은 우리나라 킥복싱 역사상 최초로 킥복싱 국제 대회 K-1 종목에서 금메달 2, 은메달 1, 동메달 1개를 획득하였으며, 이 중 세 명의 선수가 2017 폴란드 월드 게임즈에 아시아 대표로 출전하게 되는 쾌거를 거두기도 하였습니다.

대한민국의 킥복싱이 이처럼 발전할 수 있었던 것은 킥복싱에 무한한 열정과 자부심을 가지고 대한킥복싱협회와 함께 동고동락해주신 전국 각 시도 협회 관계자 분들과 체육관 지도자, 선수 분들의 공이 아닐 수 없습니다.

이번에 강덕화 관장이 우리나라 최초의 킥복싱 전문 교재 "모두를 위한 킥복싱"을 출판하게 된 것을 진심으로 축하하며, 킥복싱 세계화에 앞장섰던 사람으로서 무척 기쁘게 생각합니다.

앞으로도 더 많은 킥복싱 교재들이 나오고, 국민 여러분들이 엘리트 스포츠이자 생활 체육으로서의 킥복싱에 많은 관심을 가져주시고 동참해 주시기를 바라마지 않습니다.

추천사

대한킥복싱협회
기술의장 정은천

저의 제자, 강덕화 관장이 킥복싱 교재를 출판하게 되었다는 말을 들었을 때, 오랜만에 가슴 벅찬 감정을 느낄 수 있었습니다.

저 역시 과거 무에타이 교육 영상을 제작하기도 했고, 현재에도 대한킥복싱협회 선수와 지도자 대상의 교육을 담당하고 있는 사람으로서, 지금까지 제가 걸어온 킥복싱 발전을 위한 이론적 연구의 길을 내 제자가 이어가게 되었다는 사실에 너무나 기쁘고 뿌듯하기 이를 데 없습니다.

강덕화 관장은 선수, 지도자, 심판에 이르기까지 킥복싱의 전 분야에 대한 경험과 전문성을 두루 갖춘 인재로서, 2013년 인천 실내 무도 아시안게임 등에서는 국제 심판으로 활동한 바 있고, 2016년 청주 세계 무예 마스터십에서는 킥복싱 국가대표팀 헤드 코치를 맡아 금메달 2, 은메달 1, 동메달 1 를 획득하며, 심판과 지도자로서 뚜렷한 업적을 남기기도 했습니다.

우리나라 최초의 킥복싱 전문 교재 "모두를 위한 킥복싱"은 저의 제자, 강덕화 관장의 킥복싱 발전을 위한 애정과 노력이 담긴 첫 번째 결과물이라 생각합니다.

앞으로도 강덕화 관장의 킥복싱 발전을 위한 연구와 정진이 계속될 것을 믿어 의심치 않습니다.
더불어, 대한킥복싱협회 가족 모두의 건강과 행복을 기원합니다.

목차

- 프롤로그 *4*
- 추천사   대한킥복싱협회 사무총장 공선택 *6*
           대한킥복싱협회 기술의장 정은천 *7*

1. 오리엔테이션(Orientation) *12*
    1) 킥복싱(Kick boxing)이란? / 2. 무에타이? 킥복싱? / 3. 모두를 위한 킥복싱
    4) 킥복싱을 배우기 위한 준비물

2. 운동 준비(Preparation for Training) *23*
    1) 웜업 (Warm-up) / 2) 스트레칭 / 3) 핸드랩 감는 법

3. 기초(Basic) *29*
    1) 준비 자세 (Stance) / 2) 스텝(step) / 3) 풋워크(Foot work) / 4) 거리 조절(Distance control)
    5) 공격 부위 / 6) 타격 지점 / 7) 호흡

4. 트레이닝의 계획 *64*
    1) 쉐도우 파이팅(Shadow fighting) / 2) 미트 훈련(Mitt work) / 3) 샌드백 훈련
    4) 파트너십 기술 훈련(Partnership technique training) / 5) 스파링(sparring)
    6) 체력 훈련(strength training) / 7) 마무리 스트레칭(Cool down) / 8) 명상

5. 펀치(Punch) *102*
    1) 주먹 쥐는 법 / 2) 스트레이트(Straight punch) / 3) 훅(Hook punch)
    4) 어퍼컷(Upper cut punch) / 5) 그 외의 펀치들

6. 딥 푸시킥(Push kick) *134*
    1) 딥 푸시킥 / 2) 사이드킥(Side kick) / 3) 오블리 킥 (oblique kick)

Kick boxing

7. 킥(Kick, Round house kick) *149*

   1) 미들킥 (Middle kick, Body kick) / 2) 로우킥(Low kick, Leg kick) / 3) 하이킥(High kick, Hed kick)

8. 엘보우(Elbow attack) *162*

   1) 로테이팅 엘보우 (Rotating Elbow) / 2) 엘보우 훅(Elbow hook) / 3) 엘보우 어퍼컷(Elbow upper cut)
   4) 스피어 엘보우(Spear elbow) / 5) 점핑 엘보우(Jumping Elbow) / 6) 리버스 엘보우(Reverse elbow)
   7) 스피닝 엘보우(spinning elbow) / 8) 엘보우에 대한 방어

9. 니킥(Knee kick) *172*

   1) 스트레이트 니킥(Straight knee kick) / 2) 다이고널 니킥(Diagonal knee kick)
   3) 플라잉 니킥(Flying knee kick) / 4) 두 발을 교차하며 치는 플라잉 니킥 (카오 로이) / 5) 니킥에 대한 방어

10. 빰 넥 클린치(Neck clinch) *181*

    1. 빰 / 2. 빰 상태에서의 니킥 / 3. 빰 상태에서의 니킥 방어

11. 카운터 어택(Counter attack) *184*

    1) 스트레이트에 대한 카운터 어택 / 2) 훅에 대한 카운터 / 3) 딥에 대한 카운터 / 4) 미들킥에 대한 카운터
    5) 로우킥에 대한 카운터 / 6) 하이킥에 대한 카운터 / 7) 엘보우에 대한 카운터 / 8) 니킥에 대한 카운터

12. 후속 공격 (Subsequent attack) *196*

    1) 스트레이트 ⇨ 딥 / 2) 훅 ⇨ 백스핀 블로우, 스피닝 엘보우 / 3) 미들킥 ⇨ 사이드 킥
    4) 로우킥 ⇨ 백스핀 사이드 킥 / 5) 로테이팅 엘보우 ⇨ 리버스 엘보우 / 6) 엘보우 어퍼컷 ⇨ 스피어 엘보우
    7) 스트레이트 니킥 ⇨ 딥

13. 기본 컴비네이션 *200*

    1) 더블 잽 / 2) 원투 스트레이트(원투) / 3) 잽 & 오른손 바디 스트레이트(원 센터)
    4) 원투 스트레이트 & 왼손 훅(원투 훅)
    5) 원투 스트레이트 & 왼손 훅 & 오른손 바디 스트레이트(원투 훅 센터) / 6) 오른손 크로스 & 왼손 훅(투 훅)
    7) 오른손 어퍼컷 & 왼손 훅(업 훅) / 8) 왼손 훅 & 왼손 바디샷(훅 바디)
    9) 왼손 훅 & 오른손 크로스 & 왼손 바디샷(훅 투 바디)
    10) 원투 스트레이트 & 왼손 훅 & 오른손 어퍼컷(원투 훅 업) / 11) 잽 & 왼발 로우킥(원 리드 로우)

목차

12) 왼손 훅 & 오른발 로우킥(훅 로우) / 13) 오른손 크로스 & 왼손 훅 & 오른발 로우킥(투훅 로우)

14) 원투 스트레이트 & 왼손 훅 & 오른발 로우킥(원투훅 로우) / 15) 왼손 바디샷 & 오른발 로우킥(바디 로우)

16) 오른손 크로스 & 왼손 바디샷 & 오른발 로우킥(투 바디 로우)

17) 왼손 훅 & 오른손 크로스 & 왼손 바디샷 & 오른발 로우킥(훅 투 바디 로우)

18) 원투 스트레이트 & 왼손 훅 오른손 어퍼컷 & 왼손 훅 & 오른발 로우킥(원투 훅 업 훅 로우)

19) 왼발 로우킥 & 오른손 크로스(리드 로우 투)

20) 왼발 로우킥 & 오른손 크로스 & 왼손 훅 & 오른발 로우킥(리드 로우 투 훅 로우)

21) 잽 & 왼발 딥(원 딥) / 22) 잽 & 오른발 미들킥(원 리어 킥) / 23) 잽 & 왼발 미들킥(원 리드 킥)

24) 원투 스트레이트 & 오른발 미들킥(원투 리어 킥) / 25) 원투 스트레이트 & 왼발 미들킥(원투 리드 킥)

26) 왼발 미들킥 & 오른손 크로스(리드 킥 투) / 27) 왼손 훅 & 오른발 미들킥(훅 킥)

28) 오른손 크로스 & 왼손 훅 & 오른발 미들킥(투 훅 킥) / 29) 원투 스트레이트 & 왼손 훅 & 오른발 미들킥(원투 훅 킥)

30) 원투 스트레이트 & 왼손 훅 & 오른손 크로스 & 왼발 미들킥(원투 훅 투 리드 킥)

31) 원투 스트레이트 & 왼발 미들킥 & 오른발 미들킥(원투 리드 킥 앤 리어 킥)

32) 왼발 미들킥 & 오른손 크로스 & 오른발 미들킥(리드 킥 투 리어 킥)

33) 왼발 미들킥 & 오른손 크로스 & 왼손 훅 & 오른발 로우킥(리드 킥 투 훅 로우)

34) 잽 & 오른발 하이킥(원 하이) / 35) 잽 & 왼발 하이킥(원 리드 하이) / 36) 왼발 딥 & 오른발 미들킥(딥 킥)

37) 왼발 딥 & 왼발 미들킥(딥 리드 킥) / 38) 원투 스트레이트 & 왼발 미들킥 & 오른발 딥(원투 리드 킥 리어 딥)

39) 왼손 플리커 잽 & 왼발 사이드킥(플리커 사이드) / 40) 왼손 훅 & 오른발 백스핀 사이드킥(훅 백)

41) 잽 & 왼발 니킥(원 리드 카오) / 42) 원투 스트레이트 & 왼발 니킥(원투 리드 카오)

43) 오른손 크로스 & 왼손 훅 & 오른발 니킥(투 훅 리어 카오)

44) 원투 스트레이트 & 오른발 미들킥 & 오른손 크로스 & 오른발 니킥(원투 리어 킥 투 리어 카오)

45) 원투 스트레이트 & 클린치 & 오른발 니킥 & 왼발 니킥(원투 빰 카오 더블)

46) 원투 스트레이트 & 클린치 & 오른발 니킥 & 왼발 니킥 & 오른손 크로스 & 클린치 & 왼발 니킥 & 오른발 니킥(원투 빰카오 더블 투 빰카오 더블)

47) 원투 스트레이트 & 클린치 & 오른발 니킥 & 왼발 니킥 & 밀어내기 & 오른발 하이킥(원투 빰 카오 더블 푸시 하이)

48) 원투 스트레이트 & 클린치 & 오른발 니킥 & 왼발 니킥 & 왼손 잽 & 오른손 바디샷 & 왼손 훅(원투 빰 카오 리어 더블 잽 리어 바디 훅)

49) 원투 스트레이트 & 클린치 & 왼발 니킥 & 왼발 니킥 & 밀어내기 & 오른발 로우킥(원투 빰 카오 리드 더블 푸시 로우)

50) 오른발 미들킥 & 오른손 크로스 & 클린치 & 오른발 니킥 & 왼발 니킥 & 오른손 크로스 & 왼손 어퍼컷 & 오른발 로우킥(리어 킥 투 빰 카오 더블 투 업 로우)

51) 잽 & 오른손 엘보우 훅(원 리어 타드) / 52) 잽 & 왼손 엘보우 훅(원 리드 타드)

53) 잽 & 왼손 엘보우 어퍼컷(원 리드 느갓) / 54) 왼손 엘보우 어퍼컷 & 오른손 로테이팅 엘보우(느갓 쏙)

55) 오른손 엘보우 어퍼컷 & 오른손 로테이팅 엘보우(리어 느갓 쏙)

56) 왼손 엘보우 훅 & 오른손 엘보우 어퍼컷(타드 느갓) / 57) 오른손 로테이팅 엘보우 & 오른손 리버스 엘보우(쏙 위앵)

58) 왼발 딥 & 오른손 점핑 엘보우(딥 통) / 59) 12 LH RKI 원투 스트레이트 & 왼손 훅 & 오른손 스피닝 엘보우(원투훅 클랍)

60) 원투 스트레이트 & 오른발 미들킥 & 오른손 크로스 & 클린치 & 오른발 니킥 & 왼발 니킥 & 오른손 로테이팅 엘보우 & 왼손 엘보우 어퍼컷(원투 리어 킥 투 뺨 카오 더블 쏙 느갓)

14. 출전 준비 *260*

1) 체중 감량 - 체중을 줄이는 이유와 안전한 감량 방법 / 2) 계체량 - 대회 출전을 위한 마지막 관문288
3) 계체 후부터 경기 전까지 / 4) 경기 전 준비물 / 5) 경기 당일 건강 검진 / 6) 경기 전 대기
7) 핸드랩 글러브 체크 / 8) 출전

15. 경기 전략 *269*

1) 경기 전략을 준비하라 / 2) 상대를 파악하라 / 3) 경기에서 지도자의 역할

- 에필로그(Epilogue) *282*

1 오리엔테이션(Orientation)

1. 킥복싱(Kick boxing)이란?

"킥복싱은 손과 발을 이용하여 상대를 타격하는 입식 격투기를 뜻합니다."

킥복싱은 주먹만을 사용하는 복싱이나 발을 많이 사용하는 태권도와는 다르게 주먹과 발은 물론 무릎과 팔꿈치, 인체의 모든 부위를 고르게 사용하는 격투 스포츠입니다.

킥복싱은 1960년대 일본에서 공수도와 복싱, 무에타이가 결합된 새로운 격투 스포츠로서 처음 탄생하였습니다.

이후 1990년대 일본에서 개최된 K-1 대회가 크게 흥행하며 킥복싱은 세계인들의 대중적인 스포츠로 자리 잡게 되었고, 현재 세계 각국은 물론 우리나라에서도 프로 킥복싱 경기 뿐 아니라 남녀노소 누구나 다 참여할 수 있는 아마추어, 생활 체육 킥복싱 대회들이 활성화 되어 있습니다.

또한, 그라운드에서 레슬링, 그래플링, 유술기를 해야 하는 MMA 종합격투기 선수들도 기본 타격 기술로 킥복싱을 반드시 수련하고 있습니다.

2. 무에타이? 킥복싱?

많은 분들이 무에타이(Muay thai)와 킥복싱이 같은 무술인지 다른 무술인지 궁금해 하실 것입니다.

위에서 말한 바와 같이 킥복싱은 일본 극진공수도와 복싱, 무에타이의 결합으로 만들어진 무술이기 때문에, 엄밀히 말하면 무에타이와 킥복싱은 서로 다른 무술이라 할 수 있습니다.

무에타이는 그 역사가 무려 1,000년에 이르는 태국의 전통 무술입니다.

정확한 발음은 "무아이타이" 라고 하는 것이 옳습니다. "무아이"는 무술, 무예 라는 뜻이고, "타이"는 곧 태국, 즉 "태국의 무술"이라는 뜻입니다.

　태국 현지에서도 "무에타이"라고 많이 쓰고 부르기도 하지만, 태국 사람들은 무에타이를 그냥 "복싱", "타이복싱" 이라고 합니다. 그냥 주먹으로만 싸우는 기존의 복싱은 "웨스턴 복싱(서양 복싱)"이라고 합니다.

　역사에 따르면 고대 인도의 맨몸 무술이 동남아시아 전역으로 전파되었고, 그 중 태국에서 완성된 무술이 바로 무에타이라고 합니다.

　과거 무에타이의 모습은 지금과 많이 달랐습니다.

　경기 방식은 주먹에 '앗삼'이라는 줄기 같이 꼬아진 천만을 감고 선수들 중 한 쪽이 쓰러지거나 죽을 때까지 싸우는 매우 잔인한 무규칙 경기였습니다. 이 경기를 태국 사람들은 "촉무아이" 라고 불렀습니다.

　1950년대에 비로소 태국 국왕의 명령으로 서양의 근대적인 복싱 규칙들을 받아들여 사각의 링 위에서 경기를 하고, 선수들은 반드시 복싱 글러브를 착용해야 하며, 경기 시간은 3분 5라운드로 하고 복싱의 판정 기준과 유사한 규칙을 통해 심판들이 승패를 판정하는 등의 스포츠화 된 무에타이 경기 모습이 정립되었습니다. 태국 사람들은 이 경기를 "복싱", "타이 복싱", "람무아이" 라고 불렀습니다.

　무에타이의 특징은 주먹, 발, 무릎, 팔굽으로 상대를 타격할 수 있고, 상대를 잡아서 넘어뜨리거나 던질 수도 있다는 것입니다.

　이와 같은 경기 규칙들, 링 위에서 사용 가능한 공격 기술과 사용해서는 안 되는 반칙 기술을 정하는 규정의 차이가 현재 무에타이와 킥복싱을 나누는 근본적인 기준이라 할 수 있습니다.

	펀치, 킥 (주먹, 발)	백스핀블로우 (뒤돌아 등주먹치기)	힐킥 (발뒤꿈치공격)	로우킥 (허벅지공격)	니킥 (무릎공격)	엘보우 (팔굽 공격)	뺨 클린치 (목 씨름)	킥 캐치 (다리 잡기)	테이크다운 (잡아서 넘어뜨리기)
무에타이	가능	가능	가능	가능	가능	가능	가능	가능	가능
K-1	가능	가능	가능	가능	가능	불가	불가	불가	불가
로우킥	가능	불가	불가	가능	불가	불가	불가	불가	불가
풀컨택	가능	불가	불가	불가	불가	불가	불가	불가	불가

위의 표는 세계에서 가장 큰 킥복싱 연맹체, WAKO(World Association of Kickboxing Organization)의 경기 종목들과 대략적인 경기 규정입니다.

MMA 종합격투기를 제외하고 서서 싸우는 입식 격투기 중에서 무에타이가 공격과 방어 기술에 있어서 가장 자유로운 편이고, 킥복싱은 무에타이에서 허용되는 기술들을 일부 금지하고 있거나 제약을 두는 경우가 많습니다.

사용 가능한 기술의 많고 적음 뿐 아니라 무에타이와 킥복싱의 또 다른 차이점이 있다면 바로 경기 스타일의 차이를 들 수 있는데요.

무에타이가 주먹과 발로 한 방 한 방 강한 공격을 주고받다가 "빰"이라는 클린치 목씨름으로 상대를 잡고 무릎과 팔굽으로 타격하는 근접전이 주된 경기 방식이라면, 상대를 잡는 것이 금지되어 있고 대회 경기 규칙에 따라 팔굽과 무릎 공격에 제약을 두는 경우가 많은 킥복싱은 상대와 일정한 거리를 유지하며 주먹과 발의 컴비네이션으로 공격하는 경우가 많습니다.

이는 K-1에서 나온 특유의 경기 규정이 상당히 큰 영향을 미친 부분이라 할 수 있습니다.

2005년 K-1은 여러 가지 이유로 경기 규정을 개정하였습니다. 클린치나 상대를 잡는 행위를 제한하고 좀 더 빠르고 박진감 넘치는 경기를 유도하기 위해 "클린치로 상대를 잡은 상황에서의 무릎 공격은 1회로 제한한다." 라는 경기 규정을 만듭니다. 이는 당시 상대를 잡아 무릎으로 공격하는데 매우 능했던 쁘아카오 같은 태국 무에타이 선수들이나 상대를 위에서 잡아 누르고 강력한 무릎 공격을 꽂아 넣으며 넉다운 시켰던 세미 슐츠나 최홍만과 같은 2m가 넘는 장신 파이터들의 득세를 막기 위한 규정이었습니다.

이와 같은 K-1 규정은 킥복싱 대회의 표준과도 같은 경기 규정으로 자리 잡게 되는데, 현재에도 "글로리" 등 세계 여러 킥복싱 단체들이 클린치 등 상대를 잡는 행위를 제한하고 팔굽 공격은 금지, 클린치 상태에서의 무릎 공격은 1회로 제한하는 K-1 규정을 활용하고 있습니다.

참고로 국내 대회들 중 MAX FC 의 경우처럼 클린치 상태에서의 무릎 공격은 2회까지 허용하며, 클린치 상태에서 3회 이상 무릎 공격시 경고, 감점을 주도록 규정하고, 팔굽 공격 사용 여부도 선수 상호간의 합의에 따라 결정하는 등, 좀 더 융통성 있는 경기 규정을 가진 단체들도 있습니다.

"테니스와 정구", "야구와 소프트볼"이 비슷해 보이지만 다른 운동인 것처럼 무에타이와 킥복싱 역시 비슷해 보이지만 규정과 스타일이 다른 무술이라 할 수 있습니다.

그래도 그 수련 방법에 있어서는 무에타이와 킥복싱이 큰 차이가 없다는 것도 사실입니다.

현대의 무에타이와 킥복싱의 수련 방법은 둘 다 비슷하다.

물론 둘 다 약간씩 고유한 특징이 있지만 쉐도우 파이팅, 미트 훈련, 샌드백 훈련, 스파링 등 훈련하는 방법은 거의 대동소이 합니다.

무에타이 선수라 해서 무조건 전통 무에타이 대회에만 출전하고 킥복싱 선수라 해서 모두 킥복싱 대회에만 출전했던 것이 아닙니다. 현대에 들어 무에타이 선수들과 킥복싱 선수들, 심지어 타 무술의 선수들도 K-1 등 여러 입식 격투 대회에 다 함께 출전하게 되면서 서로간의 교류가 많아짐에 따라 그 수련 방법과 경기 스타일들이 더더욱 비슷해지고 있는 추세입니다.

예를 들어 네델란드의 전설적인 킥복서 "라몬 데커"는 태국의 정통 무에타이 대회에 출전하여 큰 업적을 거두었고, 고국 네델란드로 돌아가 지도자 생활을 하며 태국에서 배우고 경험한 무에타이 기술들을 후진들에게 전수하였습니다.

태국의 쁘아카오 반차멕 (과거 쁘아카오 포 푸라묵으로 불렸음) 역시 태국에서 오랜 기간 무에타이 선수로 활동했지만 무에타이와 경기 규정이 다른 K-1 월드맥스 (K-1의 -70kg 급 경기 대회)에 출전해 두 차례나 그랑프리 토너먼트 우승을 거두는 기염을 토하기도 했지요.

이처럼 무에타이와 킥복싱은 서로 다르지만 공유할 수 있는 같은 부분이 많기에, 지금도 두 무술은 활발한 교류를 통해 비슷한 모습을 많이 보이고 있습니다.

그리고 최근에는 MMA 종합 격투기와 달리 그라운드에서의 싸움을 허용하지 않고 오직 서있는 상태에서 승부를 겨루는 격투기들을 모두 "입식 격투기" 라고 부르고 있습니다.

3. 모두를 위한 킥복싱

킥복싱은 남녀노소 누구나 다 즐겁게 즐길 수 있는 스포츠입니다.

선수가 되어 대회 출전을 하기 위해 킥복싱을 수련할 수도 있고, 체력 증진, 체중 관리, 자기 수련 등을 목표로 킥복싱을 수련할 수도 있습니다.

킥복싱은 세계 여러 격투 무술들 중 가장 배우기 쉬우면서도 실전에서 사용하기 쉬운 실용적인 기술들로 이루어져 있습니다. 그래서 개인 호신 기술로도 매우 적합하다는 평가를 받고 있습니다.

현재 우리나라에서 인정한 킥복싱 단체는 "대한킥복싱협회(WAKO KOREA)"가 있습니다. 대한킥복싱협회는 국내에서 열리는 프로, 엘리트, 아마추어 킥복싱 대회들을 주관하고 있으며, 아시아 및 세계 킥복싱 대회에 대한민국 킥복싱 국가대표 선수들을 파견해 격투 강국 대한민국의 위상을 세계에 알리는데 앞장서고 있는 단체입니다. 대한킥복싱협회는 다른 무술들과 같이 '유단자 제도'를 시행하고 있고, 대한킥복싱협회에서 발급하는 킥복싱 단증을 취득한 유단자들은 경찰 등 국가 공무원 채용시 무도 가산점이 주어지는 혜택도 받고 있습니다.

킥복싱은 주먹, 발, 무릎, 팔굽 등 전신을 골고루 사용함으로써 어린이들과 청소년들의 성장 발육에 큰 도움이 되고, 펀치와 킥을 하는 것만으로도 근육과 관절을 강화 시켜 중, 장년들의 체력 증진과 몸의 균형 능력 향상에 매운 큰 효과가 있으며, 치고 때리는 동작들을 통해 스트레스를 해소시키고 자신감을 향상시킬 수 있는 멋진 운동입니다.

또한 킥복싱은 시간당 평균 1,000kal의 열량을 소모하는 고효율 운동으로써 체중 감량, 몸매 관리 등 다이어트에도 매우 탁월한 효과가 있습니다.

이처럼 킥복싱은 소수를 위한 특별한 운동이 아닌, 남녀노소 모두를 위한 운동입니다.

4. 킥복싱을 배우기 위한 준비물

여기서는 링, 미트, 샌드백 등 체육관에서 필요한 물품이 아닌 킥복싱 수련생 개개인이 구비해야하는 물품들을 설명하고자 합니다. 다음에 설명하는 물품들은 킥복싱 수련에 꼭 필요한 물품들이니 만큼 되도록 수련생 개개인이 모두 지참하는 것이 좋습니다.

(1) 핸드랩

핸드랩은 주먹의 타격부위(너클파트)와 손목을 보호하고 주먹을 좀 더 꽉 쥐게 함으로써 악력(주먹을 쥐는 힘)을 극대화 해 더욱 강한 타격을 할 수 있도록 도와주는 기본 장비입니다.

통상 붕대 형태로 되어 있는 것은 "거즈 핸드랩", 손가락을 거는 고리와 편하게 붙였다 뗐다 할 수 있도록 벨크로가 부착되어 있는 것을 "핸드랩"이라고 합니다. 그리고 장갑 형태로 보다 편하게 손에 착용할 수 있는 제품을 "이지 핸드랩"이라고 합니다.

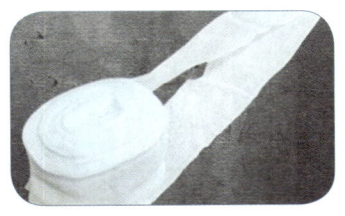
거즈 핸드랩

핸드랩

이지 핸드랩

　보통 공식 경기에 출전할 때에는 "거즈 핸드랩"을 손에 감는 것을 기본으로 하고, 평상시 연습을 할 때에는 보다 쉽게 감았다 풀을 수 있도록 "핸드랩"을 감는 것이 일상적입니다. 하지만 킥복싱 선수들 중에서는 경기 감각 유지를 위해 평상시 훈련할 때에도 "거즈 핸드랩"을 감고 훈련하는 경우도 있습니다. 또, 최근 프로, 세미 프로, 엘리트, 아마추어, 생활 체육 킥복싱 대회에서는 선수들이 "거즈 핸드랩"이나 "핸드랩" 둘 다 모두 사용할 수 있도록 허용하는 경우가 많습니다. 단, 이지핸드랩은 경기에서 착용할 수 없습니다.

　글러브를 착용하기 전 반드시 핸드랩을 감아주고 글러브를 착용해야 합니다.

　핸드랩은 1주일에 1회 이상은 세탁하고, 엉기지 않고 언제든 편하게 손에 감을 수 있도록 동그랗게 말아놓는 것이 좋습니다.

(2) 글러브

킥복싱의 글러브는 복싱 글러브와 다르지 않습니다.

가볍고 얇은 백글러브는 미트, 샌드백 타격 훈련 때 착용하며, 파트너와 스파링 등 기술 훈련을 할 때는 사용하지 않습니다. 백글러브에 비해 두툼하고 큰 연습용 글러브는 미트, 샌드백 타격 훈련 때는 물론 파트너와 스파링 등 기술 훈련 때에도 모두 착용하고 운동할 수 있습니다.

백글러브

　글러브는 제품에 따라 사이즈가 서로 다를 수도 있기 때문에 고가의 글러브를 구입하기 전에는 되도록 전문 운동 용품 매장 등에서 견본품을 착용해보고 구매하는 것이 좋습니다.

글러브는 피부에 직접 착용하는 용품이기 때문에 되도록 개인의 것만을 착

연습용 글러브

용해야지, 다른 사람의 글러브를 착용하지 않도록 하는 것이 좋습니다. 이는 마치 축구를 하는 사람이 남의 축구화를 빌려 신고 축구를 하지 않는 것과 같은 이유입니다. 또 다른 사람과 글러브를 같이 쓸 경우에는 서로의 땀과 채취 등이 섞이며 글러브에서 심한 악취가 날 수도 있으니 유의해야 합니다.

글러브는 물에 빨거나 세탁하지 않으며, 바람이 잘 부는 그늘진 곳에 보관하거나 글러브 안에 습기 제거제 등을 넣어 보관하는 것이 좋습니다.

(3) 마우스피스

마우스피스는 치아와 턱을 보호하는 장비로, 대게 윗니를 감싸는 형태와 윗니와 아랫니를 모두 감싸는 형태의 제품들이 있습니다.

마우스피스

치과나 전문 업체에서 개인의 구강 구조에 맞게 맞춤 제작할 수도 있고, 개인이 일반 실리콘 재질의 마우스피스를 구매해 직접 입에 맞추어 제작할 수도 있습니다.

일반 실리콘재질의 마우스피스를 성형하는 방법은 크게 어렵지 않은데, 우선 컵 등에 뜨거운 물을 받아 마우스피스를 1분 가량 담궜다가 뜨거운 물을 버리고 마우스피스를 꺼내어 거울을 보고 중심에 맞춰 윗니에 넣고 물어줍니다. 그리고 인중 등 입 주변을 손으로 눌러 마우스피스를 고정시키고 입 안으로도 손을 넣어 최대한 치아와 잇몸에 고정될 수 있도록 눌러줍니다.

성형이 끝나면 흐르는 차가운 물에 30초 정도 넣었다가 빼주면 완성이 됩니다.

마우스피스는 경기 때는 물론 스파링 등 파트너와의 기술 훈련 때 착용하며 착용 후에는 반드시 물로 깨끗이 씻은 후 깨끗한 케이스에 넣어 보관해야 합니다. 혹자는 마우스피스를 치약으로 세척하거나 리스테린 가글 용액에 담가 보관하는 사람도 있는데, 이는 개인의 취향 여부에 따라 결정하시면 됩니다.

(4) 낭심보호대

파울컵이라고도 불리며, 남성의 급소를 보호하는 장비입니다.

킥복싱은 주먹 뿐 아니라 발과 무릎으로도 공격과 방어를 하기 때문에 자칫 의도치 않게 급소를 가격당할 우려가 있습니다. 경기에서는 물론 파

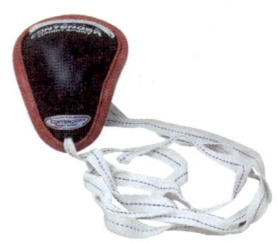

일반 낭심보호대

트너와의 스파링 등 기술 훈련 때에도 안전을 위해 착용하고 수련하는 것이 좋습니다.

대게 끈으로 묶어 착용하는 형태가 많으며, 최근에는 속옷 안에 넣어 편하게 착용할 수 있는 제품도 판매되고 있습니다.

참고로 남성용 뿐 아니라 여성용도 있습니다.

여성용 샅보대

(5) 정강이 보호대

정강이 보호대는 "발에 착용하는 글러브" 라고 생각하시면 됩니다.

정강이 보호대는 '신가드(shin guard)' 라고 불리며, 무릎 아래에서부터 발등까지 보호해주는 형태와 무릎 아래에서부터 발목 위까지 보호해주는 형태, 두 가지로 나누어집니다.

재질로는 면소재로 된 저렴한 제품부터 인조가죽으로 된 고가의 제품까지 다양한 편입니다.

킥복싱은 주먹과 발을 모두 활용하기 때문에 정강이 보호대를 착용하고 수련하는 경우가 빈번합니다.

또한 프로 킥복싱 경기를 제외하고 새미 프로, 엘리트, 아마추어, 생활 체육 킥복싱 경기에서는 모두 정강이 보호대 착용을 의무화 하고 있기 때문에, 핸드랩, 글러브와 함께 킥복싱 수련의 필수품이라고 생각해야 합니다.

면 정강이 보호대   가죽 정강이 보호대

(6) 발등보호대

발등보호대는 발등, 발가락 부위를 보호하는 보호 장비로, 경기 및 파트너와의 스파링 등 기술 훈련시 사용합니다.

발등보호대는 일반적으로 슈즈(신발)과 같은 형태를 하고 있으며, 발목부터 발가락까지 덮을 수 있도록 발 전체를 감싸는 형태로 되어 있습니다.

아마추어, 생활 체육, 여성 및 어린이 킥복싱 경기에서 발등 보호대 착용

발등보호대

을 의무화 하고 있습니다.

(7) 무릎 보호대, 팔굽 보호대

무릎 보호대

무릎 보호대와 팔굽 보호대는 무릎과 팔굽, 각 관절 부위를 보호하는 장비입니다.

킥복싱은 주먹과 발 외에도 무릎과 팔굽을 통한 공격과 방어를 수련하고, 스파링 및 실제 경기에서도 무릎과 팔굽 공격을 허용 하는 경우가 많습니다.

프로 킥복싱 경기를 제외하고 새미 프로, 엘리트, 아마추어, 생활 체육 킥복싱 경기 중에서는 경기 규정에 따라 무릎 보호대, 정강이 보호대 착용을 의무화 하는 경우도 있습니다.

팔굽 보호대

(아마추어, 생활 체육 킥복싱 경기의 경우 무릎과 팔굽 공격 사용을 아예 금지하는 경우가 많지만, 무릎과 팔굽 공격 사용을 허용하는 경우에는 반드시 보호대 착용을 의무화 하고 있습니다.)

또한 킥복싱 수련을 시작한지 얼마 되지 않은 수련생들은 무릎과 팔굽 등을 샌드백, 미트 등에 타격하는 수련을 하다가 실수로 피부가 상하는 경우가 발생할 수 있는데, 타격 훈련을 할 때에도 무릎 보호대, 팔굽 보호대를 착용하고 수련하면 부상을 피할 수 있습니다.

(8) 운동복

킥복싱은 운동 복장에 있어 상당히 자유로운 편입니다. 이는 각 체육관 마다, 지도자 마다 복장에 대한 기준이 다른 경우가 많기 때문입니다.

킥복싱 경기 중에는 롱팬츠나 도복, 벨트 착용이 의무화된 경기 종목도 있기 때문에, 어느 킥복싱 체육관에서는 태권도와 유사한 롱팬츠와 도복, 벨트(띠)를 착용하고 운동하는 곳도 있습니다.

그래도 역시 가장 보편적인 복장은 "트렁크" 라 불리는 수련용 반바지를 착용하는 것입니다. 발과 무릎을 많이 사용하는 킥복싱의 특성상 긴 바지보다는 반바지가 훨씬 더 운동하기에 편하기 때문입니다.

태국 무에타이 선수들이나 태국의 체육관에서 운동을 배우는 외국인들이 상의를 탈의하고 트렁크만 입고 운동하는 영상 등을 보신 분들은 킥복싱을 배울 때 꼭 상의를 탈의하고 운동해야 하느냐고 궁금해 하시는 분이 있는데, 이는 꼭 그렇지는 않습니다. 태국이야 덥고 습한 날이 많아 옷을 입고 운동하면 땀에 젖어 운동하기 힘들기 때문에 상의를 입지 않는 경우가 많지만, 우리나라는 태국과는 기온과 습도가 다르기 때문에 구지 상의 탈의를 하지 않으셔도 됩니다. 하의는 트렁크로 입게 되면 상의는 움직이기 편한 티셔츠나 레쉬가드 등 운동복을 입고 운동하시면 됩니다.

운동 복장

　간혹 체육관에 운동하러 오시는 사람들 중에는 청바지나 일상복, 교복 등을 그냥 입은 채로 운동하려는 사람들이 있는데 이는 당연히 좋은 모습이 아닙니다. 축구를 배우러 갈 때에 야구 유니폼을 입지는 않을 것이고, 학교에 공부를 배우러 갈 때에 수영복을 입지는 않을 일일 텐데, 간혹 우리 주변에는 체육관에 운동을 배우러 가면서 이에 맞는 복장을 갖추는 것을 불편해 하는 사람들을 더러 만나게 됩니다.

　복장은 지금 내가 하고 배우고 있는 일에 대한 아이덴티티(identity, 신분, 정체성)를 나타내는 도구입니다.

　따라서 복장을 갖추는 일은 내가 하는 일, 내가 배우는 것에 대한 기본적인 예의를 지키는 것이라 할 수 있습니다.

(9) 헤드기어

　헤드기어는 상대의 공격에 의한 충격으로부터 머리와 안면을 보호하는 장비입니다.

　헤드기어는 머리 외에 얼굴 전체가 오픈되어진 형태, 뺨을 보호해주는 형태, 코와 입을 보호해 주는 형태 등 그 종류가 매우 다양합니다.

　헤드기어를 착용하면 호흡이 불편해지고 시야에 제약이 생기기도 하여 수련 시 잘 착용하지 않는 사람들이 있는데, 스파링 훈련 등을 할 때에는 안전을 위해 반드시 착용하고 연습도록 해야 합니다.

　프로 킥복싱 경기에는 헤드기어를 착용하지 않지만, 거의 모든 엘리트, 아마

헤드기어

추어, 생활 체육 킥복싱 경기에서는 헤드기어 착용을 의무화 하고 있습니다.

(10) 바디 프로텍터

몸통 보호대라 불리는 바디 프로텍터는 태권도의 호구와 같이 가슴, 배, 옆구리 등 몸에 가해지는 주먹, 발, 무릎 공격을 대한 보호 장비입니다.

스파링 등 기술 훈련 시에 착용하며, 아마추어, 생활 체육 킥복싱 대회에서는 대회 규정에 따라 착용 여부를 결정하는데, 최근에 들어 어린이나 여성부 경기를 제외하고는 바디 프로텍터를 착용하지 않는 경우도 있습니다.

바디 프로텍터

(11) 줄넘기

일반 줄넘기

줄넘기는 하체를 단련하고 스텝 및 풋워크의 리듬감을 익히며 손목의 스냅을 수련할 수 있는 기본 수련 장비입니다.

줄넘기는 가벼운 무게의 일반 줄넘기, 또는 무거운 무게의 헤비 줄넘기로 구분되는데, 무거운 무게의 헤비 줄넘기는 손목과 전완근도 함께 단련할 수 있기 때문에 킥복싱 선수들이 많이 선호하곤 합니다.

복싱과는 달리 발도 공격 무기로 활용되는 킥복싱은 수련할 때 슈즈(신발)를 신지 않지만, 줄넘기를 할 때에는 슈즈를 신어도 괜찮습니다.

헤비 줄넘기

2 운동 준비 (Preparation for Training)

1. 웜업 (Warm-up)

운동을 시작하기 전에는 반드시 몸을 운동할 수 있는 상태로 만들어 주는 과정이 필요합니다.

"웜업(Warm-up)"은 운동 전 혈액 순환을 원활하게 하고 근육과 관절 등을 이완시켜 힘과 유연성을 증가 시키고 운동을 위한 최적의 컨디션을 만드는 준비 운동이라 할 수 있습니다.

달리기는 가장 기본 적인 웜업이다.

킥복싱 훈련의 가장 기본적인 웜업은 역시 '달리기(보통 Road work 이라고 합니다.)'입니다.

운동 전 달리기는 몸의 체온을 높여주어 스트레칭 시 근육을 운동에 적합하게 이완시켜주는 역할을 할 뿐 아니라, 체력, 심폐지구력을 높이기 위한 훈련이기도 합니다.

킥복싱 선수들의 시합 대비 훈련의 경우 대게 5~10km 의 달리기를 합니다.

하지만 일반 수련생들의 경우는 20~30분 정도 빠르게 걷거나 뛸 수 있는 거리에서 달리기를 하는 것만으로도 충분합니다.

달리기를 할 때에는 처음부터 끝까지 일정한 속도로 달리는 것도 좋지만, 달리기의 강도를 높이고 심폐지구력을 키우기 위해서는 구간마다 뛰는 속도를 달리하며 뛰는 "인터벌 러닝"을 하는 것이 훨씬 더 좋은 방법입니다.

인터벌 러닝을 하는 방법의 예는 다음과 같습니다.

---

1. 500m 일반 속도로 달리기 -> 50m 전력 질주 -> 500m 일반 속도로 달리기 -> 50m 전력 질주 -> 반복

2. 200m 일반 속도로 달리기 -> 100m 전력 질주 -> 100m 천천히 달리기 -> 200m 일반 속도로 달리기 -> 100m 전력 질주 -> 100m 천천히 달리기 -> 반복

위와 같은 방법은 인터벌 러닝을 하는 한 예일 뿐이며, 뛰는 구간, 거리, 속도 등을 달리하여 보다 다양한 방법으로 훈련할 수도 있습니다.

인터벌 러닝 외에도 좋은 달리기 방법은 해변의 모래사장을 달리거나 언덕이나 산길을 달리는 방법 등이 있는데, 일반적인 보행자 도로나 공원 등을 달릴 때보다 훨씬 하체 근육 단련에 이점이 있습니다.

하지만 평탄한 길을 달리는 것과는 달리 푹푹 발이 파이거나 울퉁불퉁한 길을 달리게 되는 만큼 넘어지거나 부상을 당하지 않도록 유의해서 달리기를 해야 합니다.

달리기 외에 실내에서도 쉽게 할 수 있는 웜업 방법은 줄넘기가 있습니다.

줄넘기는 어려서부터 누구나 다 해본 적이 있는 간단하면서도 쉬운 운동입니다.

줄넘기를 하는 방법은 상당히 다양합니다.

두 발을 동시에 뛰는 방법, 한 발씩 스텝을 바꾸어 뛰는 방법, 양발을 위치를 바꾸며 뛰는 방법, 2번 연속 빠르게 뛰는 방법 등……

킥복싱을 수련하시는 분들은 줄넘기를 하는 방법에 대해 크게 구애 받지 말고 자유롭게 하면 좋겠습니다. 물론 줄넘기를 잘 하면 스텝과 풋워크가 좋아지는 등 여러 장점들이 있겠지만, 킥복싱에 있어서 줄넘기를 하는 이유는 본 운동 전 웜업으로써 몸을 운동하기에 적합한 상태의 컨디션으로 끌어 올리는데 그 목적이 있는 것이지 그 자체가 본 운동이 아니기 때문에, 어떤 방법으로 줄넘기를 하던 별 문제는 없습니다.

웜업의 또 다른 방법, 줄넘기

킥복싱 선수가 되고 싶거나 보다 전문적이고 체계적인 훈련을 받고 싶으신 분이라면 줄넘기를 게을리 해서는 안 되지만, 혹시 일반 수련생 중에서 줄넘기를 잘 못하거나 힘들어하는 분이 있다면 구지 일부러 줄넘기를 할 필요는 없습니다. 달리기나 자전거 타기, 러닝머신 뛰기, 점핑 잭 (팔 벌려 뛰기) 등 다른 방법으로 웜업을 해도 좋습니다.

줄넘기는 보통 3분 줄넘기를 하고 30초를 쉬는 방식으로 짧게는 3분 2라운드, 길게는 3분 5라운드 정도를 하는 것이 좋습니다. 그리고 라운드 별로 마지막 30초를 남기고 2번 연속 빠르게 뛰거나 무릎을 높이 들며 뛰며 운동 강도를 높여주는 것도 좋은 방법입니다.

2. 스트레칭

스트레칭은 몸을 운동하기에 최적의 상태로 만들 목적으로 몸의 각 부분을 당기고 늘이며 근육과 인대의 유연성을 높이고 관절의 가동 범위를 넓히기 위한 준비 운동입니다.

스트레칭은 되도록 앞서 설명한 달리기, 줄넘기 등의 웜업으로 체온을 올리고 심장 박동수를 높여 적당히 몸을 풀어 준 이후 실시하는 것이 바람직합니다.

운동 전 후 스트레칭을 반드시 실시해야 한다.

운동 전에 실시하는 스트레칭은 요가처럼 자세를 정지시킨 채 느린 속도로 천천히 근육을 늘려주는 "정적 스트레칭" 보다는, 몸에 반동을 주지 않는 상태로 몸을 움직이며 근육과 관절을 이완시켜주는 "동적 스트레칭"을 실시하는 것이 좋습니다.

만일 운동 전 "정적 스트레칭"을 너무 오래 하게 될 경우 도리어 근육이 지나치게 늘어나 운동을 할 때에 힘과 스피드를 제대로 발휘할 수 없게 되고, 심지어 부상을 당할 위험성도 더 높아지게 됩니다.

그러므로 운동 전에는 몸을 움직이며 하는 "동적 스트레칭"을, 운동을 모두 마친 후 "쿨 다운(Cool down)"이라 부르는 마무리 스트레칭을 할 때에는 천천히 근육을 늘려주는 "정적 스트레칭"을 해야 합니다.

> 다음은 일반적인 동적 스트레칭의 순서입니다.

❶ 천천히 목을 좌, 우로 크게 원을 그리며 돌려준다.

❷ 천천히 양 팔을 앞뒤로 크게 원을 그리며 돌려준다.

❸ 양 팔꿈치와 손목을 앞뒤로 크게 원을 그리며 돌려준다.

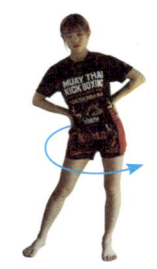

❹ 허리를 좌, 우로 크게 원을 그리며 돌려준다.

❺ 손을 옆으로 뻗은 채로 허리를 숙여 몸을 좌, 우로 번갈아 크게 틀어준다.

❻ 무릎 관절을 좌, 우로 크게 원을 그리며 돌려준다.

❼ 양쪽 발목을 차례대로 좌, 우로 원을 그리며 돌려준다.

❽ 그 자리에 앉아 다리를 모으고 골반을 위아래로 움직여준다.

❾ 양발을 쭉 뻗고 앉아 몸을 앞으로 숙여준다.

❿ 다리를 좌, 우로 넓게 벌리고 앉아 몸을 좌, 우, 정면으로 숙여준다.

⓫ 서서 양 다리를 번갈아 앞으로 차 올리며 위로, 바깥으로, 안쪽으로 돌려준다.

⓬ 전신을 가볍고 자유롭게 움직여주며 마무리한다.

3. 핸드랩 감는 법

운동 전 핸드랩을 감는 것을 습관화해야 한다.

핸드랩을 감는 방법은 체육관마다, 지도자마다, 각 개인마다 조금씩 다릅니다.
아래에서 소개하는 방법은 수많은 핸드랩 감는 요령 중에 하나이니 참고 바랍니다.

❶ 핸드랩 고리를 엄지손가락에 건다.

❷ 손목을 두 번 돌려 감아주고 새끼손가락 쪽으로 올린다.

❸ 너클파트에 네 번 감아준다.

❹ 다시 손목으로 내려와 한 번 감아준다.

❺ 약지 손가락과 새끼손가락 사이로 통과시켜 엄지손가락 쪽으로 가져온다.

❻ 다시 손목으로 내려온다.

❼ 검지손가락과 중지 손가락 사이로 통과시켜 엄지손가락 쪽으로 가져온다.

❽ 다시 손목으로 내려온다.

❾ 중지 손가락과 약지 손가락 사이로 통과시켜 엄지손가락 쪽으로 가져온다.

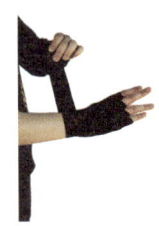

❿ 다시 손목으로 내려와 한 번 감아준다.

 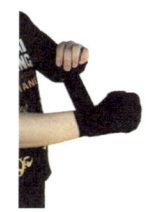  

⑪ 네 손가락을 주먹 쥔 상태로 엄지 손가락에 두 번 감아준다.

⑫ 엄지손가락까지 주먹을 쥐고 손목으로 내려와 남은 핸드랩으로 손목이 흔들리지 않게 감아준다.

⑬ 핸드랩에 붙어있는 벨크로나 테이프 등으로 고정시켜준다.

⑭ 손바닥 안쪽 핸드랩을 정리하여 주먹을 꽉 쥘 수 있도록 모아서 정리한다.

완성   핸드랩을 감은 모습

※ 핸드랩의 길이는 제품에 따라 다르기 때문에, 비교적 짧은 길이의 핸드랩을 사용하는 사람들은 위의 방법에서 너클파트에 감는 횟수나 손목에 감는 횟수 등을 달리해야 할 수도 있습니다.

※ 핸드랩을 감을 때 너무 느슨하게 감거나 천이 꼬이도록 감으면 핸드랩이 풀어지게 되고, 너무 꽉 조여서 감게 되면 손에 피가 통하지 않고 무척 불편하게 되니, 적당히 타이트한 정도로 감아야 합니다.

3 기초 (Basic)

1. 준비 자세 (Stance)

"준비 자세" 라 함은 싸움, 격투를 위한 기본적인 자세라 할 수 있습니다.
킥복싱의 준비 자세는 기본적으로 다음 세 가지 요소를 갖추어야 합니다.

- 자세를 유지하기 위해 특별히 힘을 들일 필요 없이 편안하게 자세를 잡을 수 있어야 한다.
- 균형 있고 안정적인 상태에서 전후좌, 우 어느 방향으로나 자유롭게 움직일 수 있어야 한다.
- 킥복싱에서 사용하는 공격과 방어의 모든 기술이 별도의 예비 동작 없이 간결하고 유연하게 이루어 질 수 있어야 한다.

(1) 오서독스 스탠스(orthodox stance)

오서독스(orthodox) 라는 단어를 영어 사전에서 찾아보면 '정통의', '정통적인' 이란 뜻으로 해석됩니다.

그래서 오서독스 스탠스(orthodox stance) 라고 하면 '정통적인 자세' 라고 할 수 있습니다.

대게 자신이 잘 쓰고 보다 힘이 센 손이나 발을 뒤에다 두게 되는데, 아무래도 세상 사람들 중 왼손잡이보다 오른손잡이들이 더 많다보니, 오른손과 오른발을 뒤에 두는 오른손잡이의 자세를 일반적인 기준으로 보기 시작한 데에서 그 이와 같은 이름이 붙게 되었습니다.

킥복싱의 오서독스 스탠스, 준비자세의 특징들에 대해 알아보겠습니다.

[오서독스 스탠스 정면]

[오서독스 스탠스 측면]

(2) 사우스포 (South paw stance)

왼손잡이를 일컬어 사우스포(South paw)라고 합니다.

사우스포 라는 말은 격투 스포츠가 아니라 야구에서 처음 유래된 말이라 하는데요, 1880년대 미국의 어느 야구 기자가 메이저리그의 왼손잡이 투수에 대한 기사를 쓸 때 왼손잡이 투수들을 사우스포(South paw, 여기서 paw 는 손에 대한 비속어)라고 표현한 것이 그 시초라고 합니다.

사우스포 스탠스는 오서독스 스탠스와 좌, 우를 바꾸어 주면 됩니다.

오서독스 스탠스가 왼발을 앞에 둔다면 사우스포는 오른발을 앞에 두게 되고, 오서독스 스탠스가 강한 오른손을 뒤에 둔다면 사우스포 스탠스는 왼손을 뒤에 두게 됩니다.

왼손잡이는 오른손잡이에 비해 흔치 않습니다. 그래서 일반적으로 오른손잡이 선수들은 왼손잡이 손수들을 만났을 때 경기 스타일과 상호간의 거리감에 적응하지 못하고 힘들어 하는 경우가 많습니다.

[사우스포 스탠스 정면]

[사우스포 스탠스 측면]

(3) 잘 못된 자세

가드가 얼굴 아래로 떨어진 자세

킥복싱을 수련할 때 가장 자주 범하는 실수가 가드, 즉 주먹의 위치가 얼굴 아래로 떨어지는 경우입니다.

글러브를 낀 주먹을 눈 아래에만 붙이고 있어도 코, 입, 턱 등 얼굴의 주요 부분은 상대의 공격으로부터 자연스럽게 방어가 됩니다. 하지만 주먹이 얼굴 아래로 내려가 있다면 상대의 주먹과 발, 팔굽은 물론 무릎까지도 언제든 자신의 얼굴로 날아와 꽂힐 수 있음을 명심해야 합니다.

무에타이 선수들은 가드의 위치가 눈썹 위쪽으로 높게 올라와 있는 경우가 있습니다.

가드가 지나치게 높은 자세

이는 팔굽 공격과 뺨(넥 클린치, 상대의 목을 잡는 행위), 킥 캐치 (상대의 킥 공격을 팔로 잡는 것, 태국어로는 '잡카' 라고도 함.), 팔굽 공격 기술이 허용되는 무에타이의 특성으로 인한 것인데, 이와 같이 가드를 높이 올린 자세는 주먹이나 발, 무릎, 팔굽 등을 한 방 한 방 강하게 칠 수는 있어도 킥복싱에서 중시하고 있는 다채로운 펀치와 킥의 컴비네이션을 구사하기에는 다소 힘들어지게 됩니다.

최근에 킥복싱 선수들은 물론 태국 현지 무에타이 선수들을 전반적으로 살펴보자면 주먹을 눈썹 위까지 올리는 높은 가드의 준비자세를 가진 선수들보다 주먹을 눈 밑에 두고 준비자세를 취하는 선수들이 더 많아졌습니다.

좌. 우 폭이 좁은 발의 간격

킥복싱의 스탠스는 두 발의 좌, 우 폭을 어깨 넓이 정도로 유지하는 것이 좋습니다.

이보다 좌, 우 폭이 좁아지게 되면 몸에 균형감과 안정감이 떨어지게 됩니다.

또 발의 폭이 좁아지면 몸이 옆으로 틀어지게 되는 경우가 생기는데, 자세가 어느 한 쪽으로 틀어질 경우 좌, 우 양쪽 모두를 균등하게 활용하기 힘들어지고 다양한 기술의 사용도 제한되게 됩니다.

옆으로 틀어진 자세

지나치게 발을 넓게
벌린 자세

킥복싱은 주먹이나 발, 어느 하나 만을 사용하는 무술이 아닌, 주먹, 발, 무릎, 팔굽 전신의 모든 부분을 골고루 다양하게 사용하는 무술이기에, 보다 안정적인 자세가 필요합니다.

반대로 발을 좌, 우로 지나치게 넓게 벌리게 될 경우, 자세는 안정적일지 모르나 풋워크 움직임과 손과 발의 자유로운 연결이 힘들게 됩니다.

신체를 자유롭게 움직이기 위해서는 반드시 편안하고 안정적인 자세를 취해야 하는 것이 기본이라는 사실을 꼭 기억하시기 바랍니다.

※ 이 책에서는 오서독스 스탠스, 오른손잡이 자세를 기준으로 동작들을 설명하고 있습니다. 사우스포 스탠스, 왼손잡이 자세의 경우 내용의 오른쪽과 왼쪽을 바꾸어 이해 해야 합니다.

2. 스텝(step)

스텝은 킥복싱을 위한 걸음걸이로써, 준비 자세를 유지하며 움직일 수 있어야 합니다.

(1) 점핑 스텝(Jumping step)

점핑 스텝은 스탠스를 유지한 상태에서 두 발을 동시에 뛰어서 움직이는 것을 말합니다.
이는 마치 복싱이나 태권도의 스텝과 비슷한데, 빠르고 민첩하게 움직여야할 때 사용합니다.
점핑 스텝을 뛸 때에는 뒤꿈치를 살짝 들어주고 무릎을 가볍게 굽혔다 펴며 발의 앞쪽으로 뛰어야 합니다.
스텝을 뛰는 동안 가드와 스탠스를 일정하게 하고 준비 자세 흐트러지지 않도록 유의해야 합니다.

준비 / 두 발을 동시에 뛰어 준다. / 두발을 동시에 뛰어 원하는 방향으로 이동한다.

(2) 워킹 스텝(Working step)

앞서 설명한 점핑 스텝이 '뛰는 움직임'이라면, 워킹 스텝은 '걷는 움직임'을 말합니다.
두 발이 아니라, 왼발 ⇨ 오른발 ⇨ 왼발 ⇨ 오른발…… 무릎과 발목을 탄력 있게 굽혀 주며 한 발씩 걸음을 걷습니다. 이 때 발로 바닥을 스치듯 걷지 말고, 가볍게 뛴다는 느낌으로 발을 걸어야 합니다.
제자리에서 스텝 연습을 하다 보면 자신도 모르게 발의 좌, 우 / 앞, 뒤 폭이 좁아지며 몸의 균형이 무너지는 경우가 발생합니다. 스텝을 연습할 때는 늘 거울을 통해 자신의 발 좌, 우 폭이 어깨 넓이 정도를 유지하고 있는지 확인하며 연습할 수 있어야 합니다.

워킹 스텝을 연습할 때에는 양 발에 체중을 균등하게 분배할 수 있어야 하는데, 어느 한 쪽 발에 체중이 쏠리거나 너무 뻣뻣하게 다리를 펴고 스텝 연습을 하면 골반, 허벅지, 종아리 등이 뻐근하고 아픈 경우가 생길 수 있으니 유의해야 합니다.

준비

왼발을 앞으로 1보 이동한다.

오른발 앞으로 당겨 오며 준비 자세로 돌아온다.

3. 풋워크(Foot work)

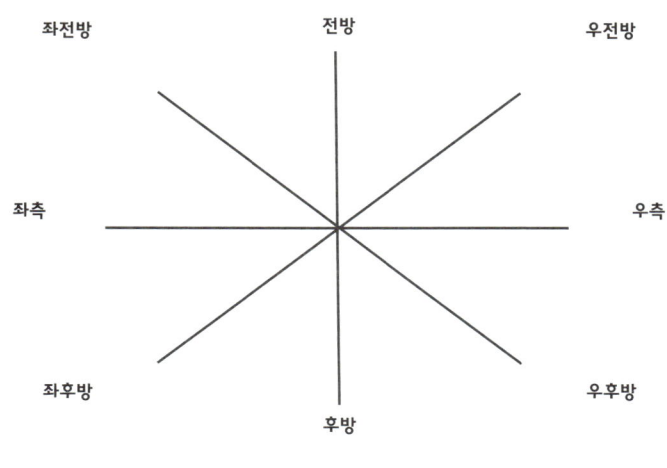

[기본 8 방향]

발의 움직임은 기본적으로 위의 그림과 같이 8 방향으로 움직이게 됩니다.

앞으로(전방), 뒤로(후방), 왼쪽으로(좌측), 오른쪽으로(우측), 왼쪽 대각선 앞으로(좌전방), 오른쪽 대각선 앞으로(우전방), 왼쪽 대각선 뒤로(좌후방), 오른쪽 대각선 뒤로(우후방) 이렇게 8 방향으로 뛰거나 걸으며 움직이게 됩니다.

그렇다면 "점핑 스텝"과 "워킹 스텝"으로 내가 원하는 방향으로 발을 움직이는 법에 대해 알아보겠습니다.

(1) 전방 점핑 스텝

준비   앞으로 두 발을 동시에 뛰어서 이동한다.

양 선수 준비   남자 선수가 앞으로 두 발을 동시에 뛰어서 상대방에게 가까이 이동한다.

(2) 전방 워킹 스텝

준비

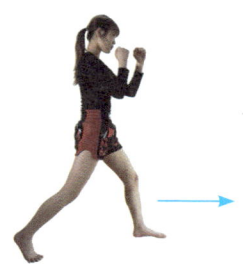
왼발을 앞으로 1보 이동한다.

오른발을 앞으로 당겨 오며 준비 자세로 돌아온다.

양 선수 준비

남자 선수가 왼발을 앞으로 1보 이동한다.

남자 선수가 오른발을 앞으로 당겨 오며 상대방에게 가까이 이동한다.

(3) 후방 점핑 스텝

준비

뒤로 두 발을 동시에 뛰어서 이동한다.

양 선수 준비

남자 선수가 뒤로 두 발을 동시에 뛰어서 상대방으로부터 멀리 이동한다.

(4) 후방 워킹 스텝

준비 오른발을 뒤로 1보 이동한다. 왼발을 뒤로 당겨 오며 준비 자세로 돌아온다.

  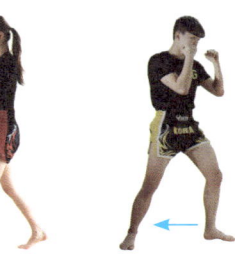 

양 선수 준비 남자 선수가 오른발을 뒤로 1보 이동한다. 남자 선수가 왼발을 뒤로 당겨 오며 상대방으로부터 멀리 이동한다.

(5) 좌측 점핑 스텝

준비

왼쪽으로 두 발을 동시에
뛰어서 이동한다.

양 선수 준비

여자 선수가 왼쪽으로 두 발을 동시에
뛰어서 상대방의 오른쪽으로 이동한다.

(6) 좌측 워킹 스텝

준비

왼발을 왼쪽으로 1보 이동한다.

오른발을 왼쪽으로 당겨 오며 준비 자세로 돌아온다.

양 선수 준비

여자 선수가 왼발을 왼쪽으로 1보 이동한다.

여자 선수가 오른발을 왼쪽으로 당겨 오며 상대방의 오른쪽으로 이동한다.

(7) 우측 점핑 스텝

준비

오른쪽으로 두 발을 동시에
뛰어서 이동한다.

양 선수 준비

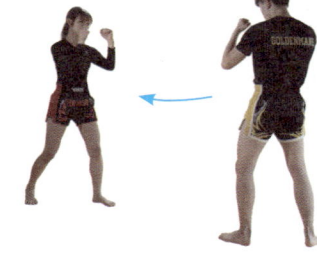

여자 선수가 오른쪽으로 두 발을 동시에
뛰어서 상대방의 왼쪽으로 이동한다.

(8) 우측 워킹 스텝

준비   오른발을 오른쪽으로 1보 이동한다.   왼발을 오른쪽으로 당겨 오며 준비 자세로 돌아온다.

 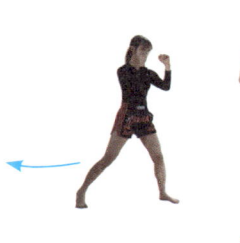 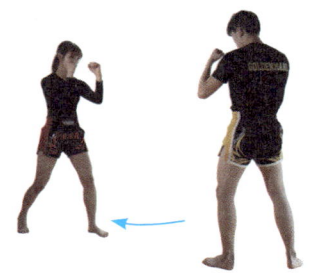

양 선수 준비   여자 선수가 오른발을 오른쪽으로 1보 이동한다.   여자 선수가 왼발을 오른쪽으로 당겨 오며 상대의 왼쪽으로 이동한다.

(9) 좌전방 점핑 스텝

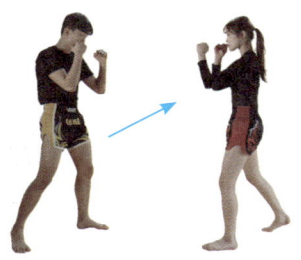

양 선수 준비

남자 선수가 왼쪽 대각선 앞으로 두 발을 동시에 뛰어서 상대방의 오른쪽 어깨 가까이 이동한다.

(10) 좌전방 워킹 스텝

양 선수 준비

남자 선수가 왼발을 왼쪽 대각선 앞으로 1보 이동한다.

남자 선수가 오른발을 앞으로 당겨 오며 상대방의 오른쪽 어깨 가까이 이동한다.

(11) 우전방 점핑 스텝

양 선수 준비

남자 선수가 오른쪽 대각선 앞으로 두 발을 동시에 뛰어서 상대방의 왼쪽 어깨 가까이 이동한다.

(12) 우전방 워킹 스텝

양 선수 준비

남자 선수가 오른발을 오른쪽 대각선 앞으로 1보 이동한다.

남자 선수가 왼발을 앞으로 당겨 오며 사우스포로 자세를 전환해 상대방의 왼쪽 어깨 가까이 이동한다.

※ 워킹 스텝으로 우전방 이동시 원래 스탠스대로 왼발을 앞에, 오른발을 뒤에 두는 오서독스 자세를 취해도 상관없습니다. 다만, 이 부분에서는 킥복싱의 여러 상황 속에서 보다 자유롭고 융통성 있는 움직임이 가능하다는 것을 보여주기 위해 사우스포로 자세를 바꾸는 모습을 실었습니다.

(13) 좌후방 점핑 스텝

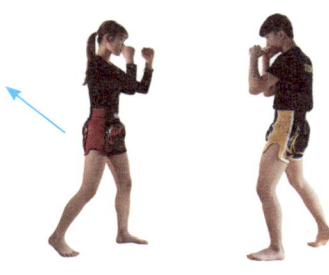

양 선수 준비

여자 선수가 왼쪽 대각선 뒤로 두 발을 동시에 뛰어서 상대방의 오른쪽 대각선 방향으로 멀리 이동한다.

(14) 좌후방 워킹 스텝

양 선수 준비

여자 선수가 왼발을 왼쪽 대각선 뒤로 1보 이동한다.

여자 선수가 오른발을 뒤로 당겨오며 상대방의 오른쪽 대각선 방향으로 멀리 이동한다.

(15) 우후방 점핑 스텝

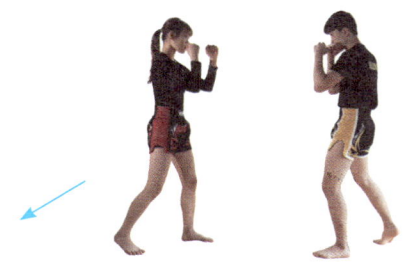

양 선수 준비

여자 선수가 오른쪽 대각선 뒤로 두 발을 동시에 뛰어서 상대방의 왼쪽 대각선 방향으로 멀리 이동한다.

(16) 우후방 워킹 스텝

양 선수 준비

여자 선수가 오른발을 오른쪽 대각선 뒤로 1보 이동한다.

여자 선수가 왼발을 뒤로 당겨 오며 상대방의 왼쪽 대각선 방향으로 멀리 이동한다.

(17) 피벗

피벗(pivot)은 어느 한 발을 축으로 몸을 좌, 우로 회전하는 것을 뜻합니다.

위에서 소개한 점핑 스텝과 워킹 스텝이 전후좌, 우로의 직선적인 움직임이라면, 피벗은 원(圓, circle)의 흐름대로 몸을 돌려주는 움직임입니다. (합기도 등 여러 전통 무술에서 말하는 '전환법'과 같습니다.)

피벗은 상대의 공격에 대한 방어로서 활용할 수 있으며, 동시에 상대가 공격하기 힘든 사각지대, 혹은 내가 좀 더 수월하게 공격을 펼칠 수 있는 유리한 위치로 능동적으로 먼저 이동하는 방법으로서 활용할 수도 있습니다.

1) 좌측 피벗

준비

왼발을 좌측으로 1보 이동한다.

왼발을 축으로 몸을 왼쪽으로 회전하며 오른발을 당겨 온다.

양 선수 준비

남자 선수가 왼발을 좌측으로 1보 이동한다.

남자 선수가 왼발을 축으로 몸을 왼쪽으로 회전하며 오른발을 당겨와 상대의 오른쪽 어깨 가까이 이동한다.

2) 우측 피벗

준비

오른발을 우측으로 1보 이동한다.

오른발을 축으로 몸을 오른쪽으로 회전하며 왼발을 당겨온다. 이때 오서독스 스탠스를 유지할 수도 있고, 사우스포 스탠스로 전환할 수도 있다.

양 선수 준비

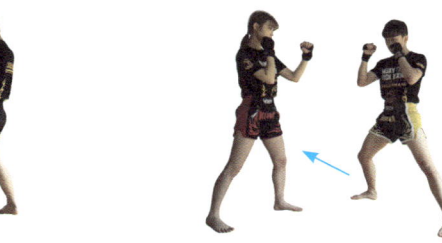

남자 선수가 오른발을 우측으로 1보 이동한다.

남자 선수가 오른발을 축으로 몸을 오른쪽으로 회전하며 왼발을 당겨와 상대의 왼쪽 어깨 가까이로 이동한다. 이때 오서독스 스탠스를 유지할 수도 있고, 사우스포 스탠스로 전환할 수도 있다.

※ 킥복싱을 배우기 시작한 수련생들이 풋워크를 배울 때 먼저 거울을 보며 혼자 연습하게 되는데, 이 때 최초의 스탠스, 기본자세와 가드의 위치, 양발의 간격 등이 일정하게 유지 될 수 있도록 해야 합니다.
초반에는 좌, 우 발의 간격이 좁아진다던지, 몸이 한쪽으로 틀어진다던지, 풋워크를 할 때 발이 꼬인다던지, 스탠스를 유지하며 풋워크를 하는 것을 어려워하는 사람들이 많습니다.
지도자들은 수련생들이 풋워크를 배울 때 스틱, 테이프 등으로 발의 간격이나 스텝의 방향을 표시함으로써, 수련생들이 이를 지표로 삼아 풋워크를 수련할 수 있도록 한다면 많은 도움이 될 것입니다.

4. 거리 조절(Distance control)

(1) 킥복싱의 기본 거리

킥복싱에서 자주 간과하는 부분이 바로 "거리(distance)"에 대한 것입니다.
거리란 격투를 펼치는 이들의 '상호간의 간격'을 뜻합니다.
많은 사람들이 상대방과 지나치게 가까운 거리를 잡으려 합니다.
상대방과 가깝기 때문에 그만큼 펀치와 킥으로 공격하기 쉽게 느끼기 때문입니다.

너무 가까운 거리. 좁아지는 시야

너무 가까운 거리에서는 내가 공격 받기 쉽다.

하지만 반대로 보면 이렇게 가까운 거리에서는 상대방 역시 나를 공격하기 쉬워지게 됩니다. 즉, 내가 공격 받을 가능성도 그만큼 더 많아지게 되고, 거리가 가까운 만큼 상대방의 공격에 반응하여 방어하거나 대응하기도 어려워집니다.
또한 지나치게 가까운 거리에는 상대방 볼 수 있는 시야 역시 좁아지게 됩니다.
스파링을 많이 해보지 않은 이들은 상대방과 가까운 거리에서 상대의 상반신 정도만을 볼 수 있는 좁은 시야 속에서, 상대방의 킥이나 니킥 공격 등, 자신이 볼 수 없는 시야 밖에서 날아오는 공격에 맞고 당황한 경험이 있을 것입니다.
복싱 등 손으로만 하는 격투기라면 가까운 거리가 큰 문제가 되지 않을 수도 있으나, 주먹은 물론, 발까지 전신을 모두 사용하는 킥복싱은 반드시 이와 같이 지나치게 가까운 거리를 잡고 서지 않도록 유의해야 합니다.

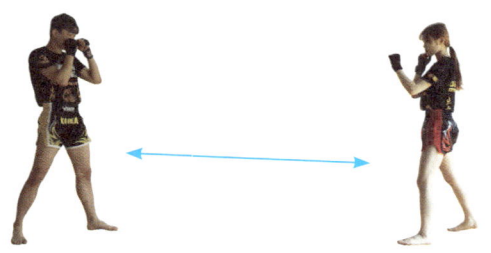

너무 먼 거리

너무 먼 거리는 공격을 시작하기 힘들어진다.

지나치게 가까운 거리는 물론, 위의 사진과 같이 지나치게 먼 거리 역시 좋지 않습니다.

거리가 멀게 되면 방어는 보다 수월해지겠지만, 내가 상대방을 공격하기 어려워집니다. 너무 멀리서 들어가다 보니 공격 기도가 노출되기 일쑤일 것이고, 계속 이렇게 먼 거리를 유지하려면 부단히 스텝으로 움직여야 함으로 체력 소모도 많을 것입니다.

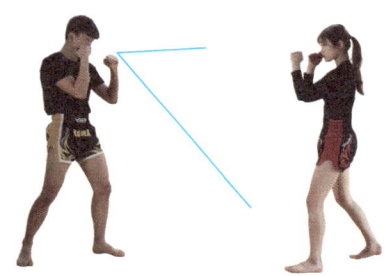

킥복싱의 기본 거리

상대의 전신을 볼 수 있을 만큼 충분히 시야가 확보된다.

킥복싱의 "기본 거리"는 위 그림과 같이 "서로의 앞손(오서독스는 왼손, 사우스포는 오른손)을 쭉 뻗었을 때 닿을 수 있는 거리"를 잡는 것이 좋습니다.

이 거리에서는 공격과 방어가 모두 용이할 뿐 아니라 상대의 머리 끝에서부터 발 끝까지 전신을 모두 볼 수 있을 만큼의 충분한 시야를 확보할 수 있습니다.

킥복싱 등 모든 무예에서 상대를 보고 관측하는 것은 가장 기초적인 일이면서도 가장 중요한 일이 아닐 수 없습니다. 상대를 제대로 보지 못한다면 방어는 물론 공격조차 힘들어 집니다.

킥복싱의 "기본 거리"는 "상대를 안전하게 관측할 수 있고, 공격을 시작하기에도, 상대의 공격에 반응해 방어하기에도 좋은 거리"라 정의 할 수 있겠습니다.

그럼 이 "기본 거리" 유지하며 "거리 조절" 하는 풋워크 방법에 대해 알아보겠습니다.
"거리 조절"을 하는 방법은 "상대방의 움직임에 반대 방향으로 움직이는 것"에서부터 출발합니다.
즉, 상대방이 앞으로 다가온다면 나는 뒤로, 상대방이 뒤로 물러난다면 나는 앞으로…
이와 같이 상대방과 반대로 움직이며 거리와 각도를 유지해 주는 것입니다.
"거리 조절"은 킥복싱을 배우기 시작한 수련생들에게 반드시 필요한 과정으로, 이 훈련을 통해 수련생들은 자세, 스텝, 풋워크, 거리 조절 등 킥복싱의 가장 기본이 되는 움직임 등을 배우게 됩니다.

1) 전방 이동 vs 후방 이동

양 선수 준비 　　　　　　상대방이 앞으로 다가오면 　　　　　뒤로 물러나며 거리를 유지한다.

2) 후방 이동 vs 전방 이동

양 선수 준비 　　　　　　상대방이 뒤로 물러나면 　　　　　앞으로 따라가며 거리를 유지한다.

3) 좌측 이동 vs 좌측 이동

양 선수 준비　　　　　　상대가 왼쪽으로 돌아가면　　　　　　왼쪽으로 따라가며 거리와 각도를 유지한다.

4) 우측 이동 vs 우측 이동

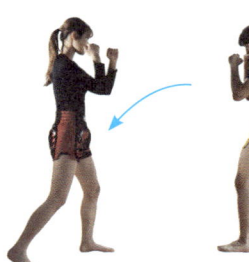

양 선수 준비　　　　　　상대가 오른쪽으로 돌아가면　　　　　　오른쪽으로 따라가며 거리와 각도를 유지한다.

5. 공격 부위

다음은 킥복싱에서 상대방을 공격할 수 있는 신체 부위에 대한 설명입니다.

주먹 : 킥복싱에서의 펀치는 "너클 파트"라 불리는 주먹의 정권 부위와 등 주먹으로 상대를 공격할 수 있다. 주먹은 상대방의 얼굴과 몸을 공격한다. 손날, 손바닥을 이용한 공격은 반칙이다.

팔굽 : 팔꿈치의 날카롭고 딱딱한 부분으로 상대를 공격할 수 있다. 팔꿈치로 안면을 공격할 경우 뼈를 함몰시키거나 피부를 찢을 수 있는 위험한 무기이다.

무릎 : 무릎은 상상 이상으로 강력한 무기이다. 무릎을 굽혔을 때 딱딱해지는 무릎 뼈 부위로 상대방의 옆구리, 배, 가슴, 얼굴 등을 공격할 수 있다.

다리 : 킥복싱의 발차기를 할 때에는 발의 다양한 부분을 활용하게 된다. 다음의 그림을 통해 자세히 알아보자.

정강이 : 미들킥, 로우킥 등 기본적인 라운드 하우스킥 (돌려차기)을 할 때 정강이로 상대를 타격한다.

발등 : 태권도 등 전통 무술에서는 발차기를 할 때 발등으로 차도록 훈련하지만 킥복싱에서 발등은 발차기에 많이 활용되지 않는다. '발등으로 차면 안 된다' 라는 말은 아니지만 되도록 정강이나 발목을 사용해 타격하는 편이 훨씬 더 상대에게 큰 데미지를 줄 뿐 아니라, 발등으로 상대를 타격하다가 오히려 부상을 당하는 경우도 많아 발등에 의한 공격은 지양하고 있다. 물론 하이킥 등 타점이 높은 발차기에 발등을 사용할 수도 있다.

발 앞축 : 딥 푸시킥(앞차기)을 할 때 발가락을 들고 앞축을 활용해 타격한다.

발바닥 : 오블리킥(하단차기), 사이드킥(옆차기), 백스핀 사이드킥(뒤돌아 옆차기)를 할 때 주로 사용하며, 아마추어 경기 규정 중에는 발 뒤축에 의한 타격을 금지하는 경우가 있는데, 이 때에는 반드시 발뒤축이 아니라 발바닥으로 상대를 타격할 수 있도록 해야 한다.

발목 : 하이킥 등 타점이 높은 발차기를 할 때 발목으로 상대를 타격한다.

발 옆날 : 오블리킥(하단차기), 사이드킥(옆차기), 백스핀 사이드킥(뒤돌아 옆차기)를 할 때 주로 사용한다.

발 뒤축 : 오블리킥(하단차기), 사이드킥(옆차기), 백스핀 사이드킥(뒤돌아 옆차기)를 할 때 주로 사용하며, 엑스킥 등 발을 높게 들어 내려찍는 기술 등에도 활용된다.

6. 타격 지점

다음은 킥복싱에서 주먹, 발 등으로 상대방을 타격했을 때 득점으로 인정되는 신체 부위에 대한 설명입니다.

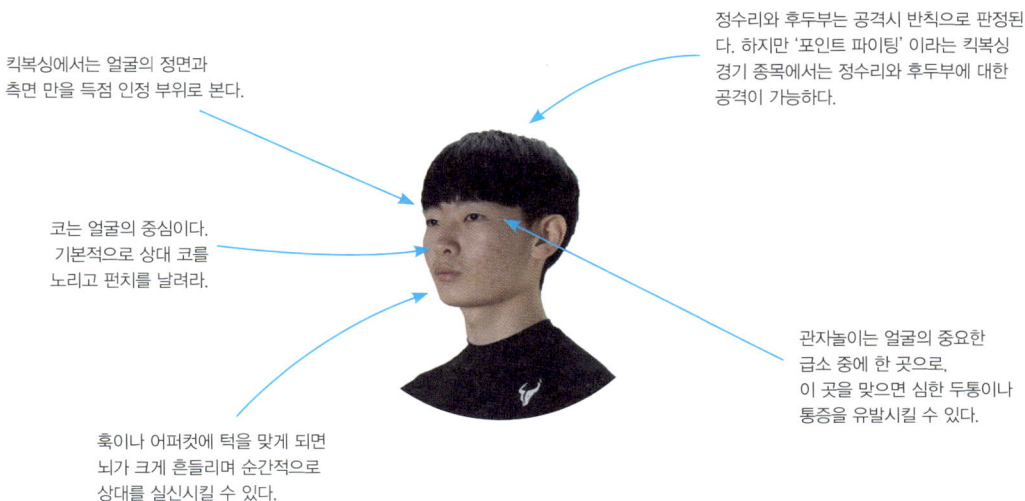

7. 호흡

호흡은 누구나 하고 있고, 할 수 있는 일입니다.

심지어 별다른 힘을 들이지 않아도, '숨을 쉬자!' 하고 일부러 생각하지 않아도 호흡은 저절로 이루어질 것입니다.

그러나 호흡을 제대로 쉴 수 있느냐, 없느냐, 이 작은 차이가 경기의 승패를 좌, 우할 만큼 호흡은 굉장히 중요한 요소입니다.

그럼 킥복싱에서 호흡은 어떤 식으로 하는지 알아보겠습니다.

우선 호흡은 코로 할 수 있어야 합니다.

입은 다물고 코로 찬찬히 호흡을 들이 쉬고 - 내쉬고를 반복합니다.

코로 호흡을 하는 것을 기본으로 하는 이유는 오래 달리기를 할 때 입으로 호흡하지 않고 코로 호흡을 해야 하는 이유와 같습니다.

오래 달리기를 할 때를 떠올려 봅시다.

달리기를 많이 해보지 않은 사람들은 코보다 입으로 호흡을 하는 경우가 많은데, 이렇게 입으로 숨을 들이쉬고 내쉬기를 반복할 경우 입과 목이 금방 타는 듯이 마르게 되고 체력도 금방 떨어지는 것을 경험하게 될 것입니다.

킥복싱 역시 오래 달리기를 할 때와 같이 호흡을 하게 됩니다. 단, 오래 달리기를 하면서 100m 전력질주와 언덕 오르기 등을 쉴 새 없이 반복하는 더 힘든 달리기를 하는 것과 같을 것입니다.

킥복싱에서의 호흡은 움직임에 맞추어 할 수 있도록 연습해야 합니다.

스텝을 한 발 한 발 밟을 때마다 코로 천천히, 그리고 일정한 템포로 들이쉬고 - 내쉬고 - 들이쉬고 - 내쉬고를 반복하며 호흡을 하는 방법을 수련해야 합니다.

스텝이 빨라지면 몸의 동작도 빨라지게 되겠지요. 그렇다면 자연스레 호흡의 템포도 빨라질 것입니다.

하지만 호흡을 하는 템포를 스텝과 몸이 움직이는 속도에 맞추어 숨을 쉬게 되면 금방 지치지 않고 더 오래 운동할 수 있게 된다는 사실을 알게 될 것입니다.

킥복싱을 처음 배우시는 분들은 반드시 호흡을 천천히 할 수 있도록 수련하시기 바랍니다.

스텝이나 몸의 움직임도 지나치게 빨라지지 않게 유의하며 천천히, 부드럽게 수련을 할 수 있도록 하십시오.

아직 수련이 부족한 상태에서 스텝과 호흡이 빨라지면 체력이 금방 소진되어 지치기 일쑤이고, 더러 과호흡으로 흥분하는 경우도 발생하곤 합니다.

호흡을 할 때 또 하나의 중요한 점은 "힘을 쓸 때 입으로 호흡을 짧고 강하게 내쉬어라" 라는 것입니다.

복싱 선수들이 쉐도우 복싱 등 훈련을 할 때 입으로 슉! 슉! 호흡 소리를 내며 훈련을 하는 것을 보신 분들이 계실 것입니다.

태국의 무에타이 선수들이 "이쉬!", "에쉬!", "어웨이!" 이렇게 기합 소리를 내며 훈련하는 모습도 격투기에 관심 있는 분들이라면 자주 보셨을 겁니다.

복싱이나 무에타이처럼 킥복싱 역시 마찬가지로, 내가 때릴 때, 혹은 내가 맞을 때 입으로 훅! 훅! 내뱉는 연습을 합니다.

주먹을 칠 때, 발을 찰 때, 무릎으로 때릴 때, 팔굽으로 칠 때마다 호흡을 짧고 강하게 내쉬는 연습을 하십시오.
그럼 호흡을 내쉬지 않을 때보다 더 강한 타격을 할 수 있게 된다는 것을 발견하게 될 것입니다.
또, 맞을 때 역시 호흡을 내뱉는 연습을 한다면 그냥 맞을 때보다 데미지(충격)을 덜 느끼게 된다는 것을 깨닫게 될 것입니다.

만약 반대로 힘을 쓸 때마다 호흡을 들이마신다면,
즉, 때릴 때, 맞을 때 호흡을 들이마시게 된다면 그 효과는 호흡을 내쉴 때와 완전히 반대로 나타날 것입니다.
호흡을 들이마시며 때리는 연습을 해보면 평상시보다 때리는 힘이 더 약해진다는 것을 느끼게 될 것이고, 호흡을 들이 마실 때 맞게 된다면 평소보다 더 큰 충격을 받게 될 것입니다.

이처럼 호흡만으로도 더 세게 때릴 수 있느냐 없느냐, 더 큰 충격을 견딜 수 있느냐 없느냐의 차이가 생기게 되고, 호흡을 하는 방법과 타이밍이라는 미세한 차이만으로도 경기의 승패가 갈릴 수 있습니다.

4 트레이닝의 계획

1. 쉐도우 파이팅(Shadow fighting)

달리기, 줄넘기 등의 웜업과 스트레칭까지 마친 후, 트렁크 등 복장을 착용하고 핸드랩까지 손에 모두 감았다면, 이제 본격적인 훈련을 시작합니다.

쉐도우 파이팅은 복싱의 쉐도우 복싱(shadow boxing, 외래어 표기법에 의하면 '섀도 복싱'이라 표기하기도 함)과 같은 훈련이며, 킥복싱 선수, 수련생 혼자서 킥복싱의 공격과 방어 동작을 연습하는 훈련을 말합니다.

쉐도우 파이팅을 하는 목적과 방법은 다음과 같습니다.

1) 본격적인 훈련 전 충분히 몸을 풀어주고 킥복싱을 할 때 사용되는 몸의 각 부분 근육의 상태를 최적화시키고 근력을 증가시키기 위해 자신이 배우고 익힌 펀치와 킥 등 킥복싱 기술들을 허공에 치고 때리며 훈련합니다.

2) 쉐도우 파이팅을 할 때는 되도록 거울 앞에 서서 자신의 모습을 보면서 훈련하게 되는데, 이 때 자신의 펀치, 킥 등 킥복싱 기술의 자세에 고칠 부분은 없는지, 잘못된 습관은 없는지 스스로 점검하며 훈련합니다.

킥복싱 지도자는 선수, 수련생들이 쉐도우 파이팅을 할 때 이를 관찰하여 수정할 부분이 있으면 반드시 이를 알려주어 고칠 수 있도록 도와줘야 합니다.

3) 지금까지 익힌 스텝, 풋워크, 공격 기술, 방어 기술, 컴비네이션 등을 몸에 익숙하게 숙달할 수 있도록 쉐도우 파이팅을 통해 훈련합니다.

쉐도우 파이팅은 일정한 틀이 없이 자유롭게 훈련하는 것을 기본으로 하지만 킥복싱을 수련한지 얼마 되지 않은 수련생들을 쉐도우 파이팅을 훈련하라고 하면 무엇을 어떻게 해야 하는지 몰라 무척 곤란해 할 수 있습니다. 그럴 때에 킥복싱 지도자는 태권도의 품세나 공수도의 카타처럼 하나의 형(形)을 만들어 가르쳐 주고, 이를 훈련할 수 있도록 해도 좋습니다.

가장 좋은 방법은 수련생이 자신만의 쉐도우 파이팅 순서를 스스로 정하여 훈련하는 방법입니다. 마치 자신이 대전 격투 게임 '철권', '데드 오어 얼라이브'의 캐릭터가 되었다고 생각하고,

"'나'라는 캐릭터는 왼손 훅이 강하고 오른발 미들킥을 많이 사용하는 캐릭터야. 상대가 접근하면 왼

발 딥으로 밀어내고 다시 오른발 미들킥으로 연결하지……"

 이렇게 상상하며 내가 잘하고 좋아하는 기술들을 골라 '나'라는 대전 격투 게임 속 캐릭터를 만들어 나간다고 생각하며 훈련하면, 좀 더 흥미로운 훈련을 할 수 있을 겁니다.

 4) 머릿속으로 내 앞에 가상의 상대가 서 있고, 그와 가상의 킥복싱 경기를 한다고 가정하여 몸을 움직이며 이미지 트레이닝을 합니다.

 이는 쉐도우 파이팅의 가장 궁극적인 훈련 방법으로써, 직접적인 타격 없이 가상의 경기를 하는 훈련하는 방법이라 할 수 있습니다.

 이미지 트레이닝의 방법은 다음과 같습니다.

 '상대가 내 앞으로 다가온다… 난 왼손 잽을 치며 상대를 견제한다… 상대가 원투를 치며 내 거리 안으로 들어온다… 난 그 때 어떻게 할까? 막을까? 피할까? 그래 피하자… 그럼 난 무엇으로 반격할까? 피해서 상대방과 거리가 멀어졌을테니 딥으로 밀어차보자… 상대와 다시 마주 서 있는데… 이제는 내가 먼저 공격해 들어가 볼까? 어떤 기술로 공격해 볼까? 원투 오른발 미들킥으로 공격해 들어가 보자…!'

 이와 같이 눈에 보이지 않는 상대와 가상의 경기를 상상하며 공격과 방어를 하며 훈련하는 하는 것입니다.

 아니면 유명 선수의 경기 영상이나 (본인이 킥복싱 선수의 경우) 자신의 경기 영상을 본 후 이를 복기하며 훈련하는 방법도 좋습니다.

 이는 마치 바둑 기사들이 혼자서 흑돌과 백돌 모두를 잡고 바둑을 두며 연습하거나, 자신이 두었거나 아니면 유명 기사들이 두었던 바둑의 기보를 보며 다시 한 번 복기하며 훈련하는 방법과 같다고 보면 됩니다.

※ 킥복싱 수련생 중에는 체육관에 오자마자 샌드백부터 치거나 웨이트 트레이닝부터 시작하는 사람들이 있는데 이는 좋지 않은 운동 습관입니다. 어떤 운동을 하던 간에 반드시 앞서 말한 바와 같이 웜업과 스트레칭을 실시한 후 본 운동에 들어가는 것이 좋습니다. 아무런 준비 운동도 없이 곧바로 샌드백을 치거나 웨이트 트레이닝을 하게 될 경우 근육과 관절이 덜 풀린 상태에서 부상을 입을 가능성이 높아지게 됩니다. 킥복싱을 수련하시는 분들은 이 글을 명심하시고, 반드시 본 운동 전에는 달리기와 줄넘기 등으로 충분히 웜업을 해 주시고 가볍게 몸을 움직여 스트레칭 실시한 다음 본 운동에 임해 주십시오. 또한, 샌드백을 치는 것도 웜업과 스트레칭 이후 핸드랩을 감고 쉐도우 파이팅을 실시한 후 샌드백에서 훈련할 수 있도록 해야 합니다.

2. 미트 훈련(Mitt work)

킥복싱 선수나 수련생의 펀치나 킥을 받아주며 훈련하는 도구를 미트(mitt), 또는 패드(pad) 라고 합니다.

이를 이용한 훈련을 미트웍(mitt work), 패드웍(pad work)이라고 부릅니다.

이 책에서는 이 도구를 '미트'(mitt) 라고 표기하고, 미트를 통한 훈련을 '미트 훈련'이라 칭하겠습니다.

미트는 보통 물소 가죽이나 인조 피혁 등으로 만들어지며, 킥복싱 지도자가 선수, 수련생들의 펀치, 킥 등 공격 기술을 지도하며 타격을 받아줄 때 사용합니다.

보통 펀치 기술들을 전문적으로 받아주며 훈련하는 도구를 "펀치 미트" 라고 합니다.

펀치 미트

복싱에서 사용하는 것과 동일하다고 보면 됩니다.

킥복싱에서 사용하는 킥미트는 직사각형으로 넓게 생긴 것이 대부분입니다.

대게 손으로 잡아 팔뚝에 고정할 수 있는 형태로 되어 있습니다.

킥복싱 지도자는 선수와 수련생들의 펀치는 물론, 킥, 니킥(무릎 공격), 엘보우(팔굽 공격)까지 미트로 받아내며 훈련하기 때문에 충격을 버틸 수 있도록 제법 두툼하고 묵직하게 생겼습니다.

킥미트

킥복싱 지도자는 미트 뿐 아니라 자신의 몸으로 킥복싱 선수, 수련생의 공격을 받아주며 훈련할 때도 많습니다. 지도자 전용 바디 프로텍터는 앞서 소개한 수련생들의 훈련용 바디 프로텍터 보다 훨씬 더 두껍게 몸통 부위를 감쌀 수 있도록 만들어졌습니다.

킥복싱 지도자는 트레이너 전용 바디 프로텍터를 통해 선수, 수련생들의 바디 스트레이트, 바디샷(몸통을 향한 어퍼컷), 딥 푸시킥(앞 밀어차기), 사이드킥(옆차기), 니킥, 등을 받아주며 훈련합니다.

트레이너 바디 프로텍터

킥복싱의 컴비네이션은 로우킥을 활용한 기술들이 많습니다. 로우킥을 연습할 때 킥미트 등으로 훈련해도 괜찮지만 킥복싱 지도자가 선수, 수련생들이 컴비네이션을 연결하는 스피

로우킥 패드

드와 정확도를 보다 강하고 빠르게 훈련시키고 싶다면 로우킥 패드를 통해 훈련하는 것이 좋습니다.

킥복싱 경기는 한 방 한 방 치는 단발성 공격보다 펀치와 킥을 연결하는 다양한 컴비네이션 기술들에 대해 보다 높은 판정을 내리는 규정이 있기에, 선수와 수련생들을 자주 킥복싱 시합에 출전시키는 지도자라면 꼭 필요한 훈련 도구라 할 수 있습니다.

미트 훈련을 통해 킥복싱 선수, 수련생들은 킥복싱의 기본 타격 기술들과 컴비네이션 기술들을 훈련 하게 됩니다.

미트 훈련은 킥복싱 지도자가 선수, 수련생과 합을 맞추며 함께 하는 훈련이기에 두 사람의 호흡이 매우 중요합니다. 서로의 호흡이 맞지 않으면 선수, 수련생이 지도자를 실수로 때리는 사고가 벌어질 수도 있으니 유의해야 합니다. 일선에서 킥복싱을 지도하고 계신 분들은 공감하시겠지만, 미트 훈련을 할 때 지도자들이 "오른손을 때려라!" 라고 하면 왼손을 때리고, "여기를 발로 차라!" 라고 하면 저기를 발로 차는 수련생들 때문에 곤란해진 경험들은 모두 몇 번씩은 있으실 겁니다. 미트 훈련은 킥복싱 지도자와 선수, 수련생이 장기간 꾸준히 함께 호흡을 맞추며 수련 해야만 높은 훈련 성과를 거둘 수 있게 됩니다.

서로 오랫동안 함께 수련한 킥복싱 지도자와 선수, 수련생들은 서로의 눈빛만 봐도, 미트의 위치와 지도자의 움직임만 봐도 무엇을 때리고 무엇을 해야 하는지 금방 알 수 있습니다. 하지만 운동을 시작한지 얼마 되지 않은 수련생들을 그러기 힘들 것입니다.

그래서 지도자는 미리 "내가 미트를 이렇게 잡고 OO이라고 말하면 무엇을 어떻게 때려라." 하고 가르치고 수련할 수 있도록 해야 합니다. 그런데 그 지시하는 말이 너무 길다면, 예를 들어 "자, 오른손 스트레이트!", "왼손 훅 오른손 스트레이트 왼손 바디샷 오른발 로우킥!" 이렇게 말을 길게 한다면 미트를 잡아주는 지도자나 수련생 모두 지치고 힘들게 됩니다. 따라서 "내가 OO이라고 짧게 말하면 이 기술을 때려라!" 하는 약속이 필요합니다.

저는 이런 약속을 "미트 훈련 콜 사인(mitt work call sign)" 줄여서 "미트 콜"이라고 부릅니다.

아래는 필자가 미트 훈련을 할 때 하는 "미트 콜" 내용들을 간추려 정리한 것입니다.

아래 내용은 필자가 필자의 체육관에서 킥복싱 선수, 수련생들을 가르칠 때 사용하는 내용이지, 모든 킥복싱 지도자들이 공통적으로 사용하고 있는 내용은 아님을 밝혀둡니다.

	이니셜 표기	미트 콜	설명
방향	L	리드	앞쪽 (오서독스는 왼쪽, 사우스포는 오른쪽)
	R	리어	뒤쪽 (오서독스는 오른쪽, 사우스포는 왼쪽)
펀치	1	원	잽, 왼손 스트레이트
	2	투	크로스, 오른손 스트레이트
	C	센터	바디 스트레이트, 배, 명치, 가슴 향한 스트레이트 펀치
	H	훅	훅, 횡으로 휘두르는 펀치
	U	업	어퍼컷, 아래에서 위로 올려치는 펀치
	B	바디	바디샷, 옆구리, 갈비뼈, 간을 향한 펀치
	F	플리커	플리커 잽, 등주먹치기
	BS	백스핀	백스핀 블로우, 뒤 돌아 등주먹치기
	super	슈퍼	슈퍼맨 펀치, 뛰어서 펀치
딥	D	딥	딥 푸시킥, 앞 밀어차기
	SK	사이드	사이드 킥, 옆차기
	O	오	오블리 킥, 무릎 관절, 허벅지를 향한 킥
	JD	점핑 딥	점핑 딥, 뛰어서 밀어차기
	BSK	백	백스핀 사이드킥, 뒤돌아 옆차기
킥	MK	킥	미들킥, 상체 중단 차기
	LK	로우	로우킥, 상대 허벅지 하단 차기
	HK	하이	하이킥, 상대 머리 상단 차기
	JMK	점프	점핑킥, 뛰어서 상체, 또는 머리 차기
	FSK	스윕	풋 스윕 킥, 상대 발목 쓸어 차기
엘보우	Sok	쏙	로테이팅 엘보우, 45° 각도로 내려찍는 팔굽
	Td	타드	엘보우 훅, 수평으로 휘두르는 팔굽
	N	느갓	엘보우 어퍼컷, 수직으로 아래에서 위로 올려치는 팔굽
	Fg	풍	스피어 엘보우, 팔꿈치 들어 정면으로 찌르는 팔굽
	W	위엥	리버스 엘보우, 팔꿈치 바깥쪽으로 아래에서 위로 가격하는 팔굽
	T	통	점핑 엘보우, 뛰어서 내려찍는 팔굽
	KL	클랍	스피닝 엘보우, 뒤돌아 팔굽 치기
니킥	Kn	카오	스트레이트 니킥 정면 무릎 치기
	SKn	치엥	다이고널 니킥, 상대 몸통 옆을 향해 무릎을 대각선으로 올려 치기
	CKn	빰카오	클린치&니킥 상대를 빰클린치로 잡아 무릎 치기
	FKn	플라잉	플라잉 니킥, 뛰어서 무릎 치기

킥복싱 지도자가 선수, 수련생들에게 미트 훈련을 하는 방법은 다음과 같습니다.

1) 기본 타격 훈련 (Basic strike mitt work)
펀치와 킥, 니킥과 엘보우 등 기본 기술들을 하나씩 하나씩 정확한 자세로 강하고 빠르게 타격할 수 있도록 훈련합니다.

2) 컴비네이션 타격 훈련 (Combination strike mitt work)
주먹과 발 등의 연결 공격, 컴비네이션 기술들을 정확한 자세로 강하고 빠르게 연결하며 타격할 수 있도록 훈련합니다.

3) 연타 훈련 (Barrages of strikes mitt work)
펀치, 킥, 니킥 등 기본 타격 기술 중 한 가지를 정해진 시간, 정해진 횟수만큼 쉬지 않고 연속으로 타격할 수 있도록 훈련합니다. 가령 "1분 동안 원투 펀치 연타", "오른발 미들킥 연타 50회" 등 여러 가지 방법으로 훈련할 수 있으며, 킥복싱 선수, 수련생의 파워, 스피드, 심폐지구력, 근지구력 등을 기르는데 큰 도움이 됩니다. 미트 훈련의 한 종류로서 하기도 하고, 다른 종류의 미트 훈련을 하다가 일정 시간을 남겨 놓고 연타 훈련을 하기도 합니다.

4) 디펜스 미트 훈련 (Defense mitt work)
킥복싱 지도자는 선수, 수련생의 공격을 받아주다가 미트나 발로(이 때 지도자는 반드시 정강이 보호대를 착용하고 훈련을 지도해야 합니다.) 정해진 공격을 가하고, 선수, 수련생은 지도자의 공격을 미리 약속된 방법으로 피하거나 막으며 방어 기술을 훈련을 합니다.
킥복싱 경기에서는 나만 상대를 공격할 수 있는 것이 아니라 상대방도 언제든 나를 공격할 수 있기에, 미트 훈련을 할 때에 킥복싱 지도자는 늘 공격 뿐 아니라 방어도 함께 훈련할 수 있도록 훈련을 계획해야 합니다.

5) 카운터 미트 훈련 (Defense & counter attack mitt work)
위의 디펜스 미트 훈련에서 한 단계 진화된 훈련 방법으로, 킥복싱 지도자가 미트나 발로 정해진 공격을 가할 경우 선수, 수련생은 미리 정해진 방법대로 지도자의 공격을 방어하고, 이어서 곧바로 정해진 기술로 반격(counter attack)을 연결하는 훈련을 합니다.

6) 컴플리트 미트 훈련 (Complete mitt work)

위에서 말한 기본 타격 훈련, 컴비네이션 훈련, 연타 훈련, 디펜스 미트 훈련, 카운터 미트 훈련 등을 모두 종합적으로 실시하는 훈련 방법입니다.

이 때 킥복싱 지도자는 선수, 수련생이 마치 경기에 출전하는 것처럼 미리 시나리오를 준비하고, 정해진 시간과 라운드 동안 진짜 경기를 펼치듯 공격과 방어, 반격 기술들을 훈련할 수 있도록 지도합니다.

미트 훈련은 일반 수련생의 경우 3분 2라운드에서 3분 3라운드 정도, 시합 출전을 준비하는 선수의 경우 3분 5라운드에서 3분 10라운드 정도를 실시하게 되며, 각 라운드 당 중간 휴식 시간은 30초부터 2분까지, 수련 정도와 체력 상태에 따라 시간과 강도를 조절하여 훈련에 임하면 좋겠습니다.

킥복싱 체육관은 클래스 수업으로 진행되는 경우가 많은데, 이 때 회원들이 많이 참가하는 클래스 수업 시간에는 지도자가 모든 수련생들의 미트 훈련을 도와주지 못하는 경우가 많이 발생하게 됩니다. 그 때에는 체육관의 선수들이나 오랜 기간 운동한 수련생들이 지도자를 대신해 미트 훈련을 도와주거나, 수련생끼리 미트 훈련을 하는 경우도 많을 겁니다. 킥복싱 지도자는 이런 경우를 대비해서 수련생들에게 미트 훈련을 하는 방법에 대해서도 미리 교육할 필요가 있습니다.

3. 샌드백 훈련

샌드백 훈련

샌드백이라는 말은 사실 "킥복싱"과 같은 일본식 영어로, 샌드백에 대한 정확한 표기는 "펀칭백(punching bag)", "헤비백(heavy bag)"이라고 해야 합니다. 하지만 이 책에서는 대중들에게 많이 알려져 있는 명칭대로 "샌드백"으로 표기하도록 하겠습니다.

샌드백 (sandbag)은 말그대로 "모래주머니"란 뜻입니다.

하지만 킥복싱 체육관에 있는 샌드백들 모두 모래가 들어있는 것은 아닙니다.

과거 샌드백에는 실제로 모래나 톱밥을 채워서 사용했지만, 모래의 밀도가 높아 계속 치고 때리다보면 돌처럼 단단해져서 훈련 중에 부상을 당하는 경우도 빈번했다고 합니다.

최근에 체육관에서 사용되는 샌드백에는 스펀지나 천, 옷감, 등의 충진물로 채워져 있습니다.

샌드백에서 훈련하는 방법은 다음과 같습니다.

1) 기본 타격 훈련 (Basic strike bag work)

펀치와 킥, 니킥과 엘보우 등 기본 기술들을 하나씩 하나씩 정확한 자세로 강하고 빠르게 타격할 수 있도록 훈련합니다.

2) 컴비네이션 타격 훈련 (Combination strike bag work)

주먹과 발 등의 연결 공격, 컴비네이션 기술들을 정확한 자세로 강하고 빠르게 연결하며 타격할 수 있도록 훈련합니다.

3) 연타 훈련 (Barrages of strikes bag work)

미트 훈련과 마찬가지로 펀치, 킥, 니킥 등 기본 타격 기술 중 한 가지를 정해진 시간, 정해진 횟수만큼 쉬지 않고 연속으로 타격할 수 있도록 훈련합니다. 가령 "1분 동안 원투 펀치 연타", "오른발 미들킥 연타 50회" 등 여러 가지 방법으로 훈련할 수 있으며, 킥복싱 선수, 수련생의 파워, 스피드, 심폐지구력, 근지구력 등을 기르는데 큰 도움이 됩니다.

4) 컴플리트 샌드백 훈련 (Complete bag work)

쉐도우 파이팅과 마찬가지로 샌드백 훈련 역시 혼자서 하게 되는 경우가 대부분입니다.

쉐도우 파이팅을 할 때처럼 샌드백을 나와 싸우는 상대라고 상상하며 그와 가상의 킥복싱 경기를 한다고 가정하여 샌드백을 치고 때리며 훈련합니다.

쉐도우 파이팅이 직접 타격을 하지 않는 이미지 트레이닝이라면, 컴플리트 샌드백 훈련은 직접 타격을 하는 이미지 트레이닝이라 할 수 있습니다.

이 훈련을 할 때에는 발을 붙이고 제자리에서 계속 샌드백을 타격하는 게 아니라 실제로 상대방과 거리를 조절하며 움직이듯 샌드백 앞에서 계속 풋워크를 통해 움직이며 샌드백을 타격해야 합니다.

뿐만 아니라 샌드백이 지금 자신과 경기를 하는 상대 선수이고, 이 선수가 어떤 공격을 했을 때 어떻게 방어할지, 쉐도우 파이팅을 할 때처럼 방어 훈련도 함께 병행해서 할 수 있어야 합니다.

샌드백 훈련은 쉐도우 파이팅 훈련처럼 혼자서 하게 되는 경우가 많습니다.

샌드백 훈련을 할 때는 무작정 샌드백을 두들기기 보다는, 자신이 몇 분 몇 라운드를 훈련할지, 어떻게 샌드백 훈련을 할 지 스스로 계획을 정하고 훈련을 하는 것이 좋습니다.

가령 예를 들면,

예)

1. 3분 3라운드, 라운드당 휴식 시간 30초
    1라운드, 가벼운 힘으로 펀치 훈련
    2라운드, 가벼운 힘으로 펀치와 킥 훈련
    3라운드, 전력으로 펀치와 킥 훈련

2. 3분 5라운드, 라운드당 휴식 시간 1분
    1라운드, 전력으로 펀치 훈련, 종료 30초 전 펀치 연타 실시
    휴식 시간 1분 내에 점핑잭(팔벌려 뛰기) 20개 실시

> 2라운드, 전력으로 킥 훈련, 종료 30초 전 미들킥 양발 좌, 우 연타 실시
>
> 휴식 시간 1분 내에 푸시업 20개 실시
>
> 3라운드, 전력으로 펀치와 킥 훈련, 종료 30초 전 딥 푸시킥 양발 좌, 우 연타 실시
>
> 휴식 시간 1분 내에 싯업 20개 실시
>
> 4라운드, 전력으로 펀치, 킥, 니킥 훈련, 종료 30초 전 니킥 양발 좌, 우 연타 실시
>
> 휴식 시간 1분 내에 버피 20개 실시
>
> 5라운드, 전력으로 펀치, 킥, 니킥, 엘보우 훈련, 종료 30초 전 오른발 미들킥 10연타, 왼발 미들킥 10연타 실시

이렇게 미리 계획하고 훈련하게 된다면 보다 효과적인 훈련을 할 수 있을 것입니다.

킥복싱을 시작한지 얼마 안된 분들은 샌드백 타격 훈련을 배우기 시작할 때 절대 전력으로 샌드백을 때리며 훈련하면 안 됩니다.

아직 바른 자세가 갖춰지지 않은 상태에서 샌드백을 그저 세게 때리려고만 하면 자세가 무너지게 되며 넘어지거나, 때리는 부위 여기 저기는 물론 어깨, 허리, 무릎, 발목 등 관절 부위까지 부상을 당할 우려도 있습니다.

킥복싱을 시작하는 분들은 자세를 먼저 가다듬은 후에 가볍고 천천히 샌드백을 때리며 훈련해야 하고, 수련을 지속해나가며 조금씩 조금씩 치고 때리는 속도와 파워를 늘려갈 수 있도록 해야 합니다.

샌드백 훈련을 할 때에는 반드시 핸드랩과 글러브를 착용하고 타격 훈련을 해야 합니다.

간혹 맨손으로 샌드백을 때리는 사람들이 있는데, 그러다가 피부가 벗겨지거나 손가락이나 손목 관절을 삐끗하는 부상을 당할 수 있으니 주의해야 합니다.

샌드백에 킥을 할 때 발등이나 정강이 피부가 벗겨지거나 멍드는 경우도 있는데, 이에 대비해 발목 보호대나 발등 보호대, 정강이 보호대 등을 착용하고 훈련해도 됩니다.

4. 파트너십 기술 훈련(Partnership technique training)

지금까지 설명한 훈련 방법들이 혼자서도 할 수 있는 방법들이라면, 다음에 소개할 훈련 방법들은 파트너와 함께 훈련하는 방법입니다.

킥복싱은 링 위에서 1:1 로 승부를 벌이는 입식 격투기입니다. 따라서 혼자서 훈련하는 것보다 지속적으로 겨루고 경쟁하는 상대가 있어야만이 더 발전할 수 있습니다.

그래서 나와 싸워주고 겨루어줄 상대, 훈련 파트너는 경쟁 상대가 아니라 자신의 성장을 도와주는 동료가 될 수 있는 것입니다.

파트너십 기술 훈련은 뒤에서 언급할 연습 경기, "스파링"과는 다른 개념으로, 특정한 공격 기술이나 방어 기술, 공격과 방어의 전반적인 흐름에 대한 습득을 목적으로 하는 훈련입니다.

파트너십 기술 훈련을 할 때는 상대가 다치거나 충격을 받지 않도록 상호간 힘을 조절하고 집중하여 가벼운 힘으로 훈련에 임할 수 있도록 하고, 킥복싱 지도자들은 수련생들이 훈련 내용을 정확히 수행하는지 지속하여 관찰해야 합니다.

1) 디펜스(defense, 방어) 훈련

한 사람이 공격을 하고 한 사람은 방어만 합니다.

이 때 여러 가지 형태로 디펜스 훈련을 할 수 있습니다.

가령, 한 사람은 펀치로만 공격해 주고 다른 한 사람은 이 펀치 공격에 대한 방어를 실시하거나, 한 사람이 킥으로만 공격해 주면 다른 한 사람은 킥에 대한 방어를 실시하는 특정 공격 기술에 대한 방어 훈련을 할 수도 있고, 한 사람이 주먹과 발을 모두 사용해서 공격하면 다른 한 사람은 이에 대해 모든 방어를 훈련하는 전체 기술에 대한 방어 훈련을 할 수도 있을 것입니다.

이 때 공격을 하는 사람은 단순히 방어 훈련을 도와준다, 라고 생각하지 말고, 자신도 공격 기술을 연습한다, 라고 생각하고 훈련에 적극적으로 임해야 할 것입니다.

2) 컴비네이션 공격 & 방어 (Combination attack & defense) 훈련

정해진 컴비네이션으로 서로 공격과 방어를 주고받습니다.

예를 들면 '원투 왼발 미들킥', '훅 투 바디 오른발 로우킥' 등 정해진 컴비네이션으로 상호간 공방을 주고 받을 수도 있고, 정해진 횟수만큼 공격과 방어를 주고받을 수도 있습니다.
 정해진 횟수만큼의 공방 훈련을 예로 들자면,

> **예)**
>
> 1. 1라운드 1분 30초 : 펀치, 킥, 니킥 중 무엇이든 1타만 공격, 서로 1타씩 공격과 방어를 주고받으며 훈련
>
> 2. 2라운드 1분 30초 : 펀치 1타, 킥이나 니킥 1타, 이렇게 총 2타씩 공격과 방어를 주고받으며 훈련, 펀치와 킥의 순서는 상관없음.
>
> 3. 3라운드 1분 30초 : 펀치 2타, 킥이나 니킥 1타, 이렇게 총 3타씩 공격과 방어를 주고받으며 훈련, 펀치와 킥의 순서는 상관없음.
>
> 4. 4라운드 1분 30초 : 펀치 3타, 킥이나 니킥 2타, 이렇게 총 5타씩 공격과 방어를 주고받으며 훈련, 펀치와 킥의 순서는 상관없음.

이와 같은 방법으로 훈련을 할 수 있습니다.

3) 카운터 어택(counter attack, 반격) 훈련

카운터 어택 훈련은 정해진 기술에 대한 방어와 반격을 집중적으로 훈련하는 방법입니다.
가령 예를 들면,
"상대가 왼손 잽을 치면 vs 오른쪽으로 슬리핑을 하고 오른손 크로스로 반격한다."
"상대가 오른발 미들킥을 차면 vs 왼발 정강이로 방어한 후 오른발 로우킥으로 반격한다."
이와 같은 기본 방어, 반격 기술 들을 훈련하게 됩니다.
 킥복싱을 배운지 얼마 안 되는 수련생들에게는 한꺼번에 너무 많은 방어, 반격 방법을 지도할 경우 습득하기 힘들고 복잡해하며 어려워할 수 있으니, 되도록 1주일에 1,2 가지의 방어, 반격 방법만을 지도하는 것이 좋습니다.
 킥복싱 선수, 숙련된 수련생들에게 다양한 방어와 반격 기술에 대해 자유롭게 공방 훈련을 하도록 지도하는 방법은 아래와 같습니다.

> **예)**
>
> 1. 1,2 라운드 : 라운드 동안 한 사람이 먼저 스트레이트 펀치로만 공격, 다른 사람은 스트레이트를 방어하고 펀치나 킥으로 반격, 라운드 종료 후 서로 공격/방어 임무 교대.
> 2. 3,4 라운드 : 라운드 동안 한 사람이 먼저 훅 펀치로만 공격, 다른 사람은 훅을 방어하고 펀치나 킥으로 반격, 라운드 종료 후 서로 공격/방어 임무 교대.
> 3. 5,6 라운드 : 라운드 동안 한 사람이 먼저 어퍼컷 펀치로만 공격, 다른 사람은 어퍼컷을 방어하고 펀치나 킥으로 반격, 라운드 종료 후 서로 공격/방어 임무 교대.
> 4. 7,8 라운드 : 라운드 동안 한 사람이 먼저 미들킥, 하이킥으로만 공격, 다른 사람은 킥을 방어하고 펀치나 킥으로 반격, 라운드 종료 후 서로 공격/방어 임무 교대.
> 5. 9,10 라운드 : 라운드 동안 한 사람이 먼저 로우킥으로만 공격, 다른 사람은 로우킥을 방어하고 펀치나 킥으로 반격, 라운드 종료 후 서로 공격/방어 임무 교대.
> 6. 11,12 라운드 : 라운드 동안 한 사람이 먼저 딥 푸시킥, 사이드킥으로만 공격, 다른 사람은 킥을 방어하고 펀치나 킥으로 반격, 라운드 종료 후 서로 공격/방어 임무 교대.
> 7. 13,14 라운드 : 라운드 동안 한 사람이 먼저 킥복싱 공격 기술 모두를 활용해 공격, 다른 사람은 상대 공격을 방어하고 펀치나 킥으로 반격, 라운드 종료 후 서로 공격/방어 임무 교대.

이는 카운터 어택 훈련을 하는 한 가지 예일 뿐이며, 이보다 더 다양한 방법으로 훈련할 수도 있습니다.

4) 카운터 어택 반응(response to counter attack) 훈련

카운터 어택 반응 훈련은 상대 반격에 대한 방어, 재반격 훈련으로, 공격을 펼치는 도중에 나올 수 있는 상대방의 반격에 대해 대응할 수 있도록 하는 훈련입니다.

실제로 경기에서는 상대가 공격하도록 허용해주다가 강력한 한 방의 반격으로 상대에게 엄청난 데미지를 입히는 스타일의 선수들이 있습니다. 카운터 어택 반응 훈련은 이런 부류의 선수들에 대비한 것이라 할 수 있습니다.

또한, 경기에 나선 선수들은 상대방을 공격하다 너무 흥분한 나머지 가드를 허술하게 한다거나 방어를 게을리 하다가 상대방에게 큰 타격을 당하는 경우도 심심치 않게 발생하는데, 이와 같은 상황에 대한 대비도 될 수 있을 것입니다.

> **예)**
>
> 1. 1,2 라운드 : 라운드 동안 한 사람이 먼저 주먹과 발로 자유롭게 공격하면 다른 사람은 오직 스트레이트 펀치로만 반격, 먼저 공격한 사람은 상대 스트레이트 펀치 반격에 대한 방어 후 펀치와 킥으로 반격, 라운드 종료 후 서로 공격/방어 임무 교대.
> 2. 3,4 라운드 : 라운드 동안 한 사람이 먼저 주먹과 발로 자유롭게 공격하면 다른 사람은 오직 훅 펀치로만 반격, 먼저 공격한 사람은 상대 훅 펀치 반격에 대한 방어 후 펀치와 킥으로 반격, 라운드 종료 후 서로 공격/방어 임무 교대.
> 3. 5,6 라운드 : 라운드 동안 한 사람이 먼저 주먹과 발로 자유롭게 공격하면 다른 사람은 오직 어퍼컷 펀치로만 반격, 먼저 공격한 사람은 상대 어퍼컷 펀치 반격에 대한 방어 후 펀치와 킥으로 반격, 라운드 종료 후 서로 공격/방어 임무 교대.
> 4. 7,8 라운드 : 라운드 동안 한 사람이 먼저 주먹과 발로 자유롭게 공격하면 다른 사람은 오직 미들킥으로만 반격, 먼저 공격한 사람은 상대 미들킥 반격에 대한 방어 후 펀치와 킥으로 반격, 라운드 종료 후 서로 공격/방어 임무 교대.
> 5. 9,10 라운드 : 라운드 동안 한 사람이 먼저 주먹과 발로 자유롭게 공격하면 다른 사람은 오직 로우킥으로만 반격, 먼저 공격한 사람은 상대 로우킥 반격에 대한 방어 후 펀치와 킥으로 반격, 라운드 종료 후 서로 공격/방어 임무 교대.
> 6. 11,12 라운드 : 라운드 동안 한 사람이 먼저 주먹과 발로 자유롭게 공격하면 다른 사람은 오직 딥-푸시킥으로만 반격, 먼저 공격한 사람은 상대 딥-프론트킥 반격에 대한 방어 후 펀치와 킥으로 반격, 라운드 종료 후 서로 공격/방어 임무 교대.
> 7. 13,14 라운드 : 라운드 동안 한 사람이 먼저 주먹과 발로 자유롭게 공격하면 다른 사람은 기술에 상관 없이 오직 1타만으로 반격, 먼저 공격한 사람은 상대 반격에 대한 방어 후 펀치와 킥으로 반격, 라운드 종료 후 서로 공격/방어 임무 교대.

5) 제한적 공격 & 방어 (limited attack & defense) 훈련

제한적 공방 훈련은 디펜스 훈련, 카운터 어택 훈련, 카운터 어택 반응 훈련을 전체적으로 종합한 훈련 방법입니다.

훈련에서 사용 가능한 기술들은 자유롭게 조합 하되, 공격과 방어, 반격의 흐름을 확실하게 익힐 수 있도록 훈련의 목표와 과정을 명확히 규정하여 훈련하도록 지도해야 합니다.

너무 자유로운 공방의 흐름으로 가게 되면 자칫 스파링처럼 되어버리기 일쑤이기 때문에, 킥복싱 지도자들은 이 훈련을 실시 할 때 각 라운드마다 누가 공격이고 누가 방어인지, 이번 라운드는 누가 어떻게 공격하고 누가 어떻게 방어하고 반격하는지 명확하게 지침을 주어 훈련할 수 있도록 하고 훈련 과정을 감독해야 합니다.

예)

1. 1,2 라운드 : 라운드 동안 한 사람이 먼저 펀치 기술로 공격, 다른 사람은 방어, 라운드 종료 후 서로 공격/방어 임무 교대.

2. 3,4 라운드 : 라운드 동안 한 사람이 먼저 펀치 기술로 공격, 다른 사람은 방어 후 펀치 기술로 반격, 라운드 종료 후 서로 공격/방어 임무 교대.

3. 5,6 라운드 : 라운드 동안 한 사람이 먼저 펀치 기술로 공격, 다른 사람은 방어 후 킥 기술로 반격, 라운드 종료 후 서로 공격/방어 임무 교대.

4. 7,8 라운드 : 라운드 동안 한 사람이 먼저 킥 기술로 공격, 다른 사람은 방어, 라운드 종료 후 서로 공격/방어 임무 교대.

5. 9,10 라운드 : 라운드 동안 한 사람이 먼저 킥 기술로 공격, 다른 사람은 방어 후 펀치 기술로 반격, 라운드 종료 후 서로 공격/방어 임무 교대.

6. 11,12 라운드 : 라운드 동안 한 사람이 먼저 킥 기술로 공격, 다른 사람은 방어 후 킥 기술로 반격, 라운드 종료 후 서로 공격/방어 임무 교대.

7. 13,14 라운드 : 라운드 동안 한 사람이 먼저 펀치와 킥 기술로 공격, 다른 사람은 방어 후 펀치와 킥 기술로 반격, 라운드 종료 후 서로 공격/방어 임무 교대.

6) 빰 클린치, 킥 캐치 훈련

　　태국 무에타이 선수들은 "빰"이라 불리는 넥 클린치(목 씨름, 이하 빰 클린치) 훈련이 비중이 매우 높은 편입니다.

　　태국 현지의 무에타이 경기를 보면 주먹과 발로 치고 때리는 것보다 상대와 잡아서 빰 클린치 상태에서 무릎을 치는 상황이 많이 나오는데, 이는 태국 무에타이 경기 규정에 상대의 목을 잡아 무릎을 치거나 넘어뜨리는 것에 대한 심판 판정 점수가 높기 때문입니다. 당연히 무에타이 선수들은 주먹과 발로 치고 때리는 것은 물론 상대와의 목 씨름, "빰 클린치"를 많이 수련할 수밖에 없습니다.

　　킥복싱의 경기 규정은 대회마다 조금씩 다른 편인데, 빰 클린치나 상대의 몸, 다리 등을 잡는 행위를 반칙으로 규정하고 경기 중 이와 같은 행위가 반복될 경우 경고나 감점이 주어지는 대회가 있는가 하면, 무에타이 처럼 빰 클린치가 허용되고 상대를 잡거나 넘어뜨려도 되는 대회도 있어, 기본적으로는 무에타이와 같이 빰 클린치와 킥 캐치 훈련을 실시하는 경우가 많습니다. (이 부분은 체육관 마다 상이할 수 있습니다.)

　　빰 클린치와 킥 캐치에 대한 내용은 뒤에서 다시 소개하도록 하겠습니다.

5. 스파링(sparring)

　스파링은 연습 경기 입니다.
　스파링을 할 때에는 앞서 설명한 파트너십 기술 훈련을 할 때처럼 누가 먼저 공격하고 누가 방어하고, 이렇게 정해진 기술과 흐름을 훈련하는 것이 아니라, 진짜 경기에 나선 것처럼 킥복싱 기술로 공격과 방어를 주고받으며 훈련하게 됩니다.
　킥복싱 선수들의 스파링은 주 2회~5회까지 상당히 자주 실시하게 됩니다.
　일반 수련생의 경우는 킥복싱을 충분히 수련한 숙련자에 한해 주 1회에서 월 2, 3회 정도 스파링 훈련을 하는 것이 좋습니다.

　스파링을 할 때 가장 먼저 부딪히게 되는 걸림돌은 "맞는 것에 대한 두려움"일 것입니다.
　그 두려움 때문에 지금까지 배우고 수련한 기술들은 하나도 생각나지 않고 몸도 제대로 움직이지도 않고 머뭇 머뭇 거리다가 상대방에게 된통 당하고 몸을 웅크리고 막기에 급급해질지도 모릅니다.
　무엇으로 공격해야 할지, 어떻게 방어해야 하는지도 하나도 생각 안 나고 자세도 엉거주춤 무너지기도 할 겁니다.
　공격을 하려 전진 하려고 해도, 혹시 가까이 갔다가 한 대 더 맞을까봐 가까이 가지도 못하고 멀리서 손 발만 뻗다가 스파링이 끝나기도 합니다.
　수련 초기에는 다들 이런 어려움과 시행착오를 겪습니다.

　스파링을 잘 할 수 있는 비결이라면 역시 단 하나 밖에 없습니다.
　"꾸준하게 반복된 훈련을 통해진 경험"입니다.
　오랜 기간을 반복한 훈련과 충분한 경험 없이 스파링을 잘 할 수는 없습니다.
　풋워크, 펀치, 킥, 컴비네이션, 방어 등…… 기본적인 것부터 꾸준히 반복해서 훈련하고 파트너십 기술 훈련에서 충분히 실전 훈련을 해야지만 스파링에서 배우고 훈련한 기술들이 하나 둘씩 나오게 되는 것입니다.
　그리고 진짜 킥복싱 경기에도 출전할 수 있게 되는 것입니다.

　스파링을 할 때 초심자들이 겪는 문제는 "작전의 부재"입니다.

"나는 무엇으로 어떻게 공격하겠다."

"상대방의 어떤 공격은 어떻게 방어하겠다."

하는, 기본적인 작전을 미리 결정하지 못하고 스파링에 뛰어들다 보니 제대로 된 공격이나 방어를 하지 못하는 경우가 많을 것입니다.

스파링을 하는 킥복싱 수련생들은 마구잡이로 뒤엉켜 싸우기 보다는 다음과 같은 전략을 미리 결정하고 스파링에 임한다면 좋을 것입니다.

> **예)**
>
> 1. 기본 견제 기술을 결정한다. 잽이나 딥 푸시킥을 수시로 던지며 상대가 쉽게 공격하지 못하게 견제한다.
>
> 2. 기본 공격 기술을 결정한다. 원투 스트레이트, 오른발 미들킥 등, 내가 먼저 선제공격으로 사용할 단발성 기술들을 결정한다.
>
> 3. 기본 컴비네이션을 결정한다. 원투 왼발 미들킥, 원투 왼손 훅 오른발 로우킥 등, 내가 실전에서 사용할 수 있는, 혹은 내가 잘 할 수 있는 주먹과 발의 연결 컴비네이션을 결정한다.
>
> 4. 상대방의 공격에 대한 방어 방법을 결정한다. 상대의 펀치를 피할지 막을지, 상대의 킥을 피할지 막을지 등, 기본적인 방어 전술을 미리 결정한다.

이런 기본 작전이 있고 없고의 차이가 바로 초보자로 남느냐, 숙련자로 올라가느냐의 차이를 만들어 낼 것입니다.

스파링을 하다보면 이런 작전이 있어도 내 방법이 통하지 않을 때도 있을 것입니다.

내 공격이 통하지 않는 것에 좌절할 때도 있을 것이고, 방어한다고 했는데도 상대방의 공격을 허용하게 되면 순간 자신감이 사라지고 위축되기도 할 것입니다.

괜찮습니다. 그럴 수도 있습니다.

아무리 잘하는 프로 킥복싱 선수라 자신이 마음먹은 대로 상대방을 공격해 100% 다 타격하는 것도 아니고, 상대방의 공격을 100% 다 방어해 내는 것도 아닙니다.

물론 일방적으로 상대를 몰아치며 공격하고 나는 잘 안 맞고, 이렇게 스파링을 할 수도 있을 겁니다.

하지만 선수도 아니고 일반 수련생에게 그 정도의 수준을 기대하는 사람은 아무도 없습니다.

또, 공격을 실패하기도 하고, 방어에 실패해서 맞아도 봐야 실력 향상에 도움이 될 것입니다.

'내가 왜 지난 스파링에서 킥을 실패했지? 아, 내가 디딤발을 너무 멀리 둬서 상대방을 때리기에 거리가 너무 멀었구나!'

'지난번에 상대 훅을 왜 못 피했지? 아, 머리를 앞으로 숙이며 몸을 피해야 하는데, 내가 마음이 너무 급해서 먼저 몸을 옆으로 피하려다가 맞았구나!'

이런 오답 노트에서 얻은 것과 같은 깨달음이 있을 때, 그때에서야 비로소 진정한 자기 발전이 올 수 있을 것입니다.

물론 이와 같은 깨달음은 자신의 스파링 과정을 복기할 수 있을 때 나올 수 있습니다.

하지만 스파링을 많이 하지 않은 수련생이라면, 스파링 하는 동안 머릿속이 온통 하얗게 되어 있어서, 스파링을 하며 내가 어떻게 했나 아무 생각도 나지 않는 경우가 많을 것입니다.

이때 킥복싱 지도자의 역할이 매우 중요합니다. 킥복싱 지도자는 수련생이 스파링 중에 못한 잘한 점과 개선할 점에 대해 자세히 설명해줄 수 있어야 합니다.

물론 수련생 스스로가 자신의 스파링 영상을 촬영해 다시 돌려 보며 복기해보는 것도 좋은 공부가 될 것입니다.

모든 스파링이 100% 최대한의 힘으로 치고 때리며 훈련하지는 않습니다. 특히 킥복싱을 시작한지 얼마 안 되는 수련생들의 스파링의 경우는 가볍게 힘을 조절하여 공격과 방어 기술을 숙달하는데 목적을 두고 스파링에 임해야지, 무조건 세게 때리는데 집중하며 스파링을 할 필요는 없습니다.

스파링을 할 때에는 반드시 마우스피스, 낭심보호대, 헤드기어, 바디프로텍터, 정강이 보호대 등 보호 장구류 들을 꼭 착용하고 훈련해야 합니다.

간혹 스파링을 할 때 이런 보호 장구류를 하는 것을 귀찮고 불편하게 여겨 착용하지 않고 스파링을 하는 이들이 있는데, 이는 매우 위험한 일입니다. 제가 지금까지 지켜봐온 바로는 킥복싱이란 운동은 직접 경기를 뛸 때나 훈련을 할 때 다치는 일보다는, 이와 같이 부주의하고 안일한 상태에서 큰 부상으로 이어지는 경우가 더 많았습니다. 킥복싱 지도자 분들은 스파링 때 수련생들의 보호 장구류 착용을 꼭 직접 확인하시고 스파링에 임할 수 있도록 하셔야 합니다.

6. 체력 훈련(strength training)

킥복싱의 체력 훈련은 일반 웨이트 트레이닝과는 유사하면서도 확연히 다른 차이점을 가지고 있어야 합니다.

일반 헬스장에서 하는 웨이트 트레이닝은 '특정 부위 근육의 크기와 부피를 늘리고 몸의 형태를 근육질로 아름답게 만드는 것'에 집중한다면, 킥복싱의 체력 훈련은 '더욱 강하고 빠르고 더 오래, 몸의 기능과 운동 수행 능력을 극대화하는 것'에 훈련의 목적을 두어야 합니다.

일반적인 웨이트 트레이닝 방법으로 근육을 크고 우람하게 키울 경우 힘은 강해질 순 있어도 몸의 유연성과 민첩성, 전체적인 몸의 균형이 무너질 우려가 있습니다.

킥복싱 선수들이 웨이트 트레이닝을 해서는 안 된다는 말은 아니지만, 웨이트 머신을 이용해 몸을 아름답게 조각할 목적의 웨이트 트레이닝 보다는, 맨몸을 이용한 바디 웨이트를 하거나, 케틀벨, 짐 로프 등을 이용한 중량 운동이 더 도움이 될 것입니다.

최근 많은 운동 전문가들이 격투기 선수들을 위해 크로스핏(cross fit)의 W.O.D(workout of the day)와 같은 개념으로 체력 훈련 프로그램을 만들기도 했습니다.

아래에 소개되는 내용들은 일반적으로 킥복싱 체육관에서 가장 많이 하게 되는 체력 훈련 프로그램들을 모아본 것입니다.

(1) 프랭크(Plank)

프랭크는 코어(core, 몸이 중심)를 단련하는 기본적인 운동으로, 척추, 복부, 엉덩이, 골반 등 신체의 중심을 이루는 부위의 속 근육을 발달시키는 운동입니다. 코어가 강화되면 몸의 균형감도 높아지고 운동 능력도 향상되는, 가장 기초가 되는 체력 훈련이라 할 수 있습니다.

1) 엘보우 프랭크(Elbow plank)

엘보우 프랭크는 가장 기초적인 코어 운동입니다.

팔꿈치와 전완근을 바닥에 대고 몸을 엎드립니다. 이 때 머리는 살짝 들어주고 엉덩이를 내려 머리에서부터 발 끝까지 일자를 이룰 수 있도록 합니다.

엘보우 프랭크

운동 시간은 짧게는 30초에서 최대 2분 정도 자세를 유지하고 버티며 운동합니다.

2) 사이드 프랭크(Side plank)

사이드 프랭크는 몸을 옆으로 돌려 버텨주는 코어 운동입니다.

한 손을 바닥에 집은 채로 다리를 쭉 뻗어 몸을 일자로 만들어줍니다. 이 때 반대쪽 손은 하늘을 향해 들어줍니다.

운동 시간은 짧게는 30초에서 최대 1분 정도 자세를 유지하고 버티며, 좌, 우를 번갈아 가며 운동해야 합니다.

사이드 프랭크

3) 프랭크 잭(Plank-Jack)

엎드린 상태에서

다리를 좌, 우로 벌렸다, 오므렸다를 반복한다.

일반적인 프랭크 운동이 움직임 없이 자세를 유지하며 버티는 정적인 코어 운동이라면, 프랭크 잭은 움직이며 하는 동적인 코어 운동입니다.

먼저 엎드려서 다리를 모은 상태에서, 양 발을 좌, 우로 넓게 벌렸다가 오므리기를 반복합니다.

이때 머리가 숙여지거나 엉덩이가 들리지 않게 유의합니다.

프랭크 잭은 다리를 벌렸다가 오므리는 것이 한 동작으로 운동 횟수는 20회~30회 가량을 실시합니다.

운동 시간으로 30초에서 1분 정도 실시할 수도 있습니다.

(2) 푸시업(Push-up)

푸시업은 '팔굽혀펴기'라고 불리는 가장 기본적인 상체 운동 방법입니다.

다른 상체 운동 방법으로 웨이트 머신을 이용하거나 바벨을 이용해 가슴 근육을 크게 키울 수도 있지만, 지나치게 커진 근육은 오히려 몸의 움직임을 둔하게 만들 게 되니 유의해야 합니다.

1) 베이직 푸시업(Basic push-up)

엎드린 상태에서

팔꿈치를 90° 가량 굽혔다가 편다.

가장 기본적인 푸시업 방법입니다.

손을 어깨 넓이보다 좀 더 넓게 벌리고 엎드린 상태에서 팔꿈치를 90° 가량까지 굽혔다가 펴며 운동을 합니다.

운동 횟수는 적게는 15회에서 많게는 100회 정도 실시합니다.

2) 타이 너클 푸시업(Thai knuckle push-up)

주먹을 쥐고 엎드린 상태에서

팔꿈치가 옆구리를 스치듯 팔을 굽혔다 편다.

태국 무에타이 선수들은 푸시업을 할 때 주먹을 쥐고 실시합니다.

특이한 점은 팔꿈치가 벌어지지 않도록 모으고 팔꿈치가 옆구리를 스치듯 팔을 굽혔다 폈다를 반복한다는 점입니다.

운동 횟수는 적게는 15회에서 많게는 100회까지 실시합니다.

3) 클로즈 그립 푸시업(Close grip push-up)

손 모으고 엎드린 상태에서 　　　　　　　　　　팔을 굽혔다 편다

클로즈 그립 푸시업은 "다이아몬드 푸시업" 이라고도 불립니다.

두 손을 모아 양손의 엄지와 검지를 맞대었을 때 그 모양이 다이아몬드 같다 해서 이런 별칭이 붙었습니다.

손을 모으고 하는 푸시업은 일반적인 푸시업보다 상완삼두근을 더 강하게 자극해 주며, 더 큰 근력을 필요로 합니다.

운동 횟수는 적게는 10회에서 많게는 50회까지 실시합니다.

4) 지그재그 푸시업(Zigzag push-up)

왼손은 위쪽에, 오른손은 아래쪽에 두고 엎드린 자세에서　　푸시업　　손을 바꾸어서 왼손은 아래쪽으로 오른손은 위쪽으로　　푸시업

양 손의 위치를 바꾸어가며 하는 푸시업 입니다.

처음에는 한 손을 위에, 다른 한 손을 아래에 둔 상태에서 팔을 굽혔다 펼 때마다 양 손의 위치를 바꾸며 푸시업을 실시합니다.

운동 횟수는 적게는 15회에서 많게는 50회까지 실시합니다.

(3) 복근 강화 훈련(ABS)

킥복싱은 물론 복싱과 격투기는 모두 복부의 근육을 단련하는 것을 매우 중요하게 여기고 있습니다. 복부는 몸의 중심이며 힘의 원천이 되는 곳입니다.

또한 상대의 펀치, 킥, 니킥의 주요 타겟이 되는 부분으로 반드시 단련해 두어야 하는 부위입니다.

1) 싯업 & 복근 단련(Sit-up & ABS training)

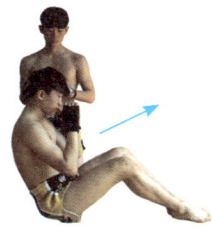

윗몸 일으키기

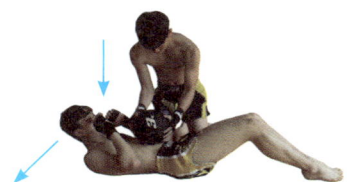

몸이 내려가면 파트너가 메디신볼로 복근을 때려준다

복근 강화 훈련의 가장 기본적인 훈련은 싯업, '윗몸 일으키기'입니다.

물론 일반적인 복근 강화 훈련으로 싯업 만을 할 수도 있지만, 킥복싱 선수들은 복근 강화를 위해 싯업을 하는 도중 파트너가 메디신볼로 복부를 쳐 주는 훈련을 합니다.

메디신볼로 복부를 칠 때는 싯업을 하는 사람이 견딜 수 있을 정도의 힘으로 복부의 중앙은 물론 옆구리에 이르기 까지 다양하게 내려 쳐줍니다. 싯업을 한번 할 때 마다 메디신볼로 1회~3회 가량 복부를 치며 훈련 합니다.

운동 횟수는 적게는 15회에서 많게는 100회까지 실시합니다.

2) 파트너십 레그 레이즈(Partnership leg raise)

파트너의 발목을 잡고 다리를 들어 올린다

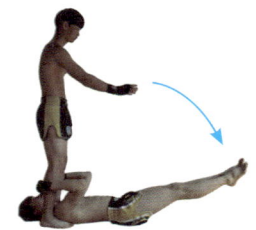

파트너는 다리를 앞으로, 좌, 우 대각 선으로 밀어준다

싯업이 몸을 일으키며 운동하는 복근 훈련이라면, 레그 레이즈는 다리를 들어 올리며 운동하는 복근 훈련입니다.

혼자서도 레그 레이즈를 훈련할 수도 있지만 복근에 더 강한 부하를 주기 위해 파트너와 함께 훈련하는 것을 권합니다.

운동 하는 사람은 자리에 누워 파트너의 다리를 잡은 상태에서 레그 레이즈를 실시합니다. 이때 파트너는 운동 하는 사람의 다리를 앞으로, 혹은 좌, 우 대각선 방향으로 다양하게 밀어줍니다. 운동하는 사람은 다리가 바닥에 닿지 않도록 파트너가 밀어내는 힘을 버티고 다시 다리를 들어올리기를 반복합니다.

운동 횟수는 적게는 15회에서 많게는 50회까지 실시합니다.

3) 클라이머(Climber)

엎드린 상태로 오른발 앞으로

발 바꾸어 왼발 앞으로

클라이머는 '등산가가 산악을 오르는 모습과 비슷하다' 해서 지어진 이름으로 '마운틴 클라이머' 라고도 불립니다.

엎드린 상태에서 엉덩이가 위로 올라가지 않게 몸을 평행하게 유지한 상태에서 두 발을 번갈아 무릎을 가슴까지 끌어 당겨줍니다.

이 때 앞으로 당긴 발이 땅에 닿아도 되고 땅에 닿지 않아도 무방합니다.

좌, 우 번갈아 무릎을 당기는 과정이 1회로, 운동 횟수는 적게는 15회에서 많게는 50회까지 실시합니다.

(4) 풀업(Pull-up)

'철봉', '턱걸이', '친업' 이라고도 불리는 풀업은 두 손으로 지지대에 매달린 채로 팔을 당겨 턱이나 가슴까지 자신의 몸을 끌어 올리는 대표적인 상체 운동입니다. 특히 등이나 몸의 뒤쪽 근육을 단련할 수 있는 몇 안 되는 좋은 운동이라 할 수 있습니다.

풀업은 손의 간격에 따라 노멀 그립 풀업, 클로즈 리버스 그립 풀업 으로 구분할 수 있습니다. 물론 좌, 우 손의 너비와 손을 잡는 방법 등을 바꾸어 더 많은 형태의 풀업을 훈련할 수 있습니다.

풀업은 제법 어려운 운동에 속하는데, 풀업이 잘 안 되는 사람들은 처음부터 너무 많은 횟수를 반복하려 하기 보다는 한 번이라도 정확한 자세로 몸을 끌어당길 수 있도록 훈련하며 서서히 그 횟수를 늘리도록 해야 합니다.

일반적인 웨이트 트레이닝의 개념에서 풀업을 할 때에는 몸을 흔들거나 반동을 주며 운동해서는 안 된다고 하지만, 우리가 하는 체력 단련은 몸을 아름답게 조각하기 위한 웨이트 트레이닝이 아니라 힘과 스피드 등 신체 기능을 극대화 하는 것이 목적이기 때문에 몸을 흔들거나 반동을 주어 풀업을 해도 괜찮습니다.

운동 횟수는 적게는 4회에서 많게는 20회까지 실시합니다.

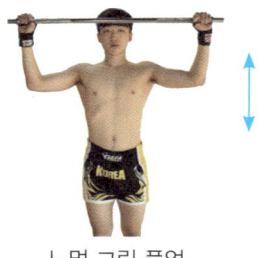

노멀 그립 풀업

클로즈 리버스 그립 풀업

(5) 버피(Burpee test)

버피는 맨몸으로 할 수 있는 운동 중 짧은 시간 내에 가장 많은 열량을 태울 수 있는 운동으로 '지옥의 훈련'이라는 별칭을 갖고 있는 운동입니다.

선 자세에서 시작해 그 자리에 엎드려 푸시업을 실시하고 다시 일어나며 제자리에서 점프를 하기를 반복합니다.

이 과정이 1회로, 운동 횟수는 적게는 10회에서 많게는 50회까지 실시합니다.

여성이나 어린 아이, 체력이 약한 사람들의 경우 푸시업과 제자리 점프를 생략하고 운동할 수도 있습니다.

준비   엎드려서   푸시업을 실시하고   제자리에서 일어서서 손을 들고 점프한다

(6) 덤벨 운동

덤벨은 흔히 아령이라고도 불립니다.

덤벨은 상당히 여러 운동에서 다용도로 쓰일 수 있는 중량물로, 이 책에서는 킥복싱을 위한 기본적인 덤벨 운동에 대해서만 소개하고자 합니다.

1) 덤벨 컬(Dumbbell-curl)

준비   양손을 동시에 덤벨을 들 수도 있고   한손씩 번갈아 덤벨을 들 수도 있다

기본적인 팔 근육 운동인 '덤벨 컬'입니다.
서서 하거나 앉아서 할 수도 있고, 덤벨을 한손만 들고 하거나 양손 모두 들고 운동할 수도 있습니다.
덤벨을 들 때에도 한 손씩 번갈아 들 수도 있고, 양손의 덤벨을 동시에 들며 운동할 수도 있습니다.
운동 횟수는 적게는 15회에서 많게는 50회까지 실시합니다.

2) 리스트 컬(Wrist-curl)

손목을 아래로 내렸다가

전완근에 힘을 주며 손목을 위로 올린다

손을 많이 사용하는 격투기에서 손목은 가장 부상을 당하기 쉬운 부분 중에 하나입니다.
그래서 속목에 대한 단련이 매우 중요한데, 리스트컬은 손목을 단련하는 대표적인 운동입니다.
양손에 덤벨을 잡고 팔꿈치를 고정시킨 상태에서 손목을 위 아래로 움직이며 운동합니다.
운동 횟수는 적게는 15회에서 많게는 50회까지 실시합니다.

(7) 바벨

보통 역도에서 사용하는 '역기'라고 알려져 있는 바벨은 긴 쇠막대기인 '샤프트'와 여러 가지 무게의 중량을 지닌 원판인 '플레이트' 이 두 가지로 구성되어 있습니다.

1) 바벨 데드리프트(Barbell-deadlift)

준비

허리를 편 상태에서 무릎을 굽히고 엉덩이를 뒤로 뺀 다음 몸을 숙인다. 이때 허리가 굽어지지 않도록 유의한다.

바벨 데드리프트는 허리와 척추는 물론 엉덩이와 허벅지 근육을 발달시켜 신체의 근력과 파워를 전반적으로 크게 향상시킬 수 있는 운동입니다.

발을 어깨너비보다 조금 넓게 벌리고 허리와 가슴을 활짝 펴고 선 상태에서 바벨을 잡습니다. 서서히 무릎을 굽히고 엉덩이를 뒤로 빼며 허리를 숙이면서 바벨을 무릎 아래까지 수직으로 내리는데, 이때 척추를 곧게 펴서 허리가 둥글게 말아지거나 굽혀지지 않도록 유의해야 합니다.

무릎 아래까지 바벨을 내려 잠시 머물다가 다시 천천히 원래 자세로 돌아옵니다.

이 과정이 1회로, 운동 횟수는 적게는 10회에서 많게는 30회까지 실시합니다.

2) 바벨 스러스터(Barbell-thruster)

준비

바벨을 어깨에 얹고 앉는다

폭발적인 힘으로 일어나며 바벨을 들어 올린다

바벨 스러스터는 상체와 하체를 동시에 단련해주는 운동으로 최근 각광 받고 있는 크로스핏에서 바벨을 이용한 운동 중 가장 많이 하는 운동입니다.

바벨을 어깨 위에 얹어 잡은 상태로 스쿼트를 하듯 자리에 앉았다가 일어서며 바벨을 머리 위로 역도 하듯 들어줍니다.

이때 단순히 힘으로만 바벨을 들었다 놨다 하는 것이 아니라 전체적인 몸의 균형을 잡는데 집중할 수 있어야 합니다.

운동 횟수는 적게는 10회에서 많게는 30회까지 실시합니다.

(8) 케틀벨(Kettlebell)

케틀벨은 러시아에서 발명된 운동 기구로 고리 모양의 손잡이가 달려 있는 독특한 모양을 하고 있습니다.

우리 나라에는 영화 '300'의 스파르타 전사들을 연기한 배우들이 이 케틀벨을 이용한 운동으로 '전사의 몸'을 갖게 되었다는 보도를 통해 많이 알려졌습니다.

케틀벨은 좋은 근육 운동 도구 일뿐 아니라 동시에 좋은 유산소 운동 도구입니다.

또한 근육을 크게 하기 보다는 코어를 중심으로 몸의 신체 기능을 극대화 하는데 운동 목표가 맞춰진 킥복싱을 위한 체력 훈련 프로그램으로 딱 안성맞춤인 운동이라 할 수 있습니다.

1) 베이직 스윙(Kettlebell basic swing)

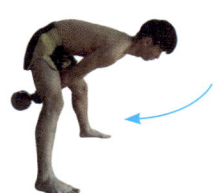
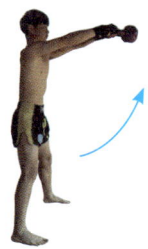

몸을 앞으로 숙여 바닥에 놓인 케틀벨을 두손으로 잡고 스윙 준비

다리 사이로 케틀벨을 넣었다가

호흡을 내뱉으며 케틀벨을 앞으로 던지듯 들어 올리며 상체를 일으킨다

베이직 스윙은 '러시안 스타일 스윙'으로도 불리며 가장 대표적인 케틀벨 운동 방법입니다.

몸을 앞으로 숙여 두 손으로 바닥에 놓인 케틀벨을 잡고 스윙을 시작할 준비를 합니다. 이 때 몸이 숙여진 상태에서 허리는 곧게 펴고 다리와 엉덩이에 힘을 주고 있어야 합니다.

진자 추가 움직이듯 자연스러운 반동으로 케틀벨을 다리 사이로 넣었다가 호흡을 내쉬며 앞으로 던지듯 어깨 높이까지 들어 올립니다. 이렇게 위 아래로 흔들어 주기를 반복합니다.

이 때 무릎이 지나치게 굽어지거나 허리가 둥글게 말아지거나 굽혀지지 않도록 유의해야 하며, 발바닥을 확실히 땅에 디디고 몸의 균형을 잡는데 집중해야 합니다.

운동 횟수는 가벼운 무게를 들 경우에는 적게는 10회에서 많게는 100회까지, 무거운 무게를 들 경우에는 적게는 5회에서 많게는 10회까지 실시합니다.

2) 원암 스윙(Kettlebell one arm swing)

 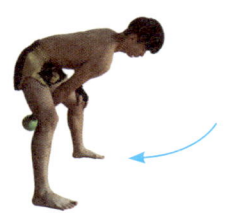 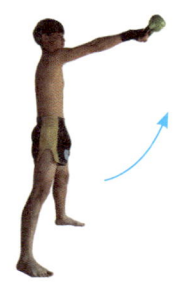

몸을 앞으로 숙여 바닥에 놓인 케틀벨을 한손으로 잡고 스윙 준비

다리 사이로 케틀벨을 넣었다가

호흡을 내뱉으며 케틀벨을 앞으로 던지듯 들어 올리며 상체를 일으킨다

한 손으로 케틀벨을 잡아준다는 거 외에 방법은 운동 방법은 베이직 스윙과 동일합니다.

한 손으로 계속 스윙할 수도 있고, 눈 높이에서 손을 바꾸어 잡으며 운동할 수도 있습니다.

운동 횟수는 가벼운 무게를 들 경우에는 적게는 10회에서 많게는 100회까지, 무거운 무게를 들 경우에는 적게는 5회에서 많게는 10회까지 실시합니다.

(9) 짐 로프(Gym rope)

짐 로프는 '배틀 로프'라고도 불리는 굵고 무거운 밧줄로서, 단순히 물결을 만들어내듯 로프를 흔드는 단순한 동작만으로도 코어 근육 발달은 물론 전신의 근지구력, 심폐 지구력도 높여주는 운동 장비입니다.

1) 투암 웨이브(Gym rope two arm wave)

발을 어깨너비 보다 넓게 벌린 자세에서 로프를 잡고 양 손을 머리 위로 높게 올렸다가 바닥으로 내리치며 마치 물결치듯 흔들어 그 파장을 멀리까지 보내줍니다.

운동 시간은 짧게는 30초에서 최대 3분 정도 반복하며 운동합니다.

두 손을 동시에 흔들어 준다

2) 얼터네이트 웨이브(Gym rope alternate wave)

발을 어깨너비 보다 넓게 벌린 자세에서 기마자세를 취해줍니다. 한 손씩 번갈아 로프를 흔들어주며 그 파장을 멀리까지 보내줍니다.

운동 시간은 짧게는 30초에서 최대 3분 정도 반복하며 운동합니다.

한 손씩 교대로 로프를 흔든다

(10) TRX

TRX는 "Total Body Resistance Exercise"의 준말로 우리말로 하면 '전신 저항 운동'이라 할 수 있습니다.

TRX는 미 해군 특수 부대 Navy SEAL 대원들이 잦은 이동 간에 가볍고 편하게 휴대할 수 있고 좁은 공간에서도 다양한 운동을 할 수 있도록 고안된 운동 도구로서, 현재 알려진 운동 방법만도 수 백여 가지에 달합니다.

1) TRX 체스트 프레스(TRX chest press)

TRX 손잡이를 잡고 몸을 경사지게 엎드린다

균형을 잡으며 팔 굽혀 펴기를 실시한다

TRX 체스트 프레스는 일반 푸시업과 다를 바 없으나 TRX를 잡은 상태에서 몸의 균형을 잡아야 하는 과제가 추가되게 됩니다.

몸의 경사를 더 낮출수록 더 힘들어지기 때문에, 몸을 얼마나 세우느냐, 엎드리느냐에 따라 운동 강도를 조절할 수 있습니다.

운동 횟수는 적게는 10회에서 최대 50회 정도 반복하며 운동합니다.

2) TRX 파이크(TRX pike)

발을 TRX 발걸이에 걸고 엎드린다

다리를 쭉 뻗은 상태에서 몸을 'ㄱ' 자 형태로 접어준다

TRX는 손으로만 잡고 하는 운동만 있는 것이 아니라 발을 걸고 운동할 수도 있습니다.

TRX는 손잡이 아래 둥근 천이 더 달려 있는데, 이는 발을 걸 수 있는 곳입니다.

TRX의 발걸이에 양 발을 걸고 엎드린 상태에서 몸을 'ㄱ'자 형태로 90° 접어줍니다. 이때 팔과 다리를 쭉 펴도 굽어지지 않게 유의합니다.

단순한 복근 훈련이 아니라 코어는 물론 상체와 하체의 근육 모두를 사용하는 전신 운동입니다.

운동 횟수는 적게는 10회에서 최대 50회 정도 반복하며 운동합니다.

(11) 퀵 레더(quick ladder)

퀵 레더는 사다리 형태의 운동 장비로, 킥복싱, 복싱과 같은 격투기 선수들은 물론 축구나 미식 축구, 농구 같이 스텝, 풋워크가 중시되는 구기 종목 선수들도 퀵 레더를 통한 훈련을 많이 실시하고 있습니다.

퀵 레더는 아래 소개하는 운동 방법 외에도 상당히 다양한 운동 방법들이 있습니다.

1) 오서독스 스탠스 싱글 스텝

오른손잡이 자세, 오서독스 스탠스를 잡은 상태에서 앞발인 왼발을 사다리 박스 안에, 뒷발인 오른발을 사다리 오른쪽에 둔 상태로 워킹 스텝으로 빠르게 한 칸씩 앞으로 이동한다. 끝까지 간 상태에서는 왼발을 사다리 박스 안에 둔 상태로 빠르게 한 칸씩 뒤로 이동합니다.

왼발만 사다리 안에 넣고 오서독스 스탠스를 유지하고 앞뒤로 빠르게 스텝을 걷는다

앞뒤 왕복을 1회로, 운동 횟수는 적게는 5회에서 최대 20회 정도 반복하며 운동합니다.

(12) 목 단련

킥복싱 선수들이나 복싱, MMA 등 격투기 선수들은 위와 같은 체력 단련 이외에 반드시 단련하는 부분이 있습니다.

바로 목입니다.

케틀벨 등 중량이 있는 물체를 수건에 감싸 입에 물고 고개를 위 아래로 움직이며 목을 단련한다.

목을 단련 하는 이유는 상대의 펀치나 킥 등의 공격 집중되는 얼굴 부위를 지탱하는 목의 근육을 강화함으로써 충격에 대한 저항력을 키우기 위함입니다.

목이 약하면 얼굴에 대한 충격이 뇌까지 강하게 전달되어 더 큰 충격을 입게 됩니다. 격투 경기를 보다보면 안면에 강한 공격을 허용한 선수가 그대로 실신하며 쓰러지는 경우를 종종 보게 되는데, 이것이 바로 그 예입니다.

목 근육이 단련된 사람은 상대방의 공격을 허용해도 잘 쓰러지지 않고 버텨냅니다. 그래서 킥복싱 등 격투 선수들이 목을 단련하는 것입니다.

목을 단련할 때에는 처음부터 너무 무거운 무게를 사용하면 목 관절 등에 무리가 올 수 있기 때문에, 한 세트 당 15회~30회 가량 운동할 수 있는 가벼운 무게로 시작해 조금씩 조금씩 무게를 늘려가는 것이 좋습니다.

최근에는 머리에 걸고 목 단련을 할 수 있는 '헤드하네스'라는 제품도 발매되고 있어서, 이를 구입해 훈련하는 것도 좋은 방법입니다.

(13) 체력 단련 프로그램의 구성

웨이트 트레이닝의 경우 매일 매일 가슴이면 가슴, 등이면 등, 이렇게 특정 근육 한 부분을 집중적으로 훈련하는데 집중하는 프로그램을 계획하는 것이 일반적입니다.

하지만 킥복싱을 위한 체력 단련은 항상 전신의 신체 기능을 향상 시키는 훈련의 목표가 맞춰져 있어야 합니다.

위의 체력 단련 방법들을 중심으로 일주일의 체력 단련 프로그램을 작성한다면 다음과 같은 계획이 나올 수 있겠습니다.

예)

월	화	수	목	금	토	일
푸시업 20회 엘보우프랭크 45초 클로즈그립 푸시업 10회 사이드프랭크 15초/15초 클라이머 30회 프랭크 잭 20회 5세트	풀업 5회 바벨 데드리프트 10회 싯업 20회 바벨 스러스터 10회 레그 레이즈 20회 5세트	퀵 레더 훈련 10분 덤벨 컬 15회 3세트 리스트 컬 15회 3세트	엘보우프랭크 45초 케틀벨 베이직 스윙 15회 TRX 체스트프레스 10회 짐로프 투암 웨이브 30초 케틀벨 원암 스윙 10회/10회 5세트	타이 너클 푸시업 30회 싯업 & 복근단련 30회 지그재그 푸시업 30회 파트너십 레그레이즈 30회 버피 10회 3세트	5km 달리기	휴식

7. 마무리 스트레칭(Cool down)

운동 전 스트레칭이 움직이며 하는 '동적 스트레칭'을 해야 한다면, 운동 후 스트레칭은 천천히 근육과 관절을 늘려주며 이완시켜 주는 '정적 스트레칭'을 할 수 있도록 해야 합니다.

운동 후 스트레칭의 방법의 예는 다음과 같습니다.

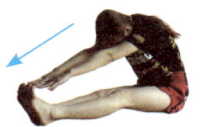

1) 다리를 쭉 펴고 앉아 앞으로 몸을 숙여 손으로 발을 잡아주고 15초 가량 근육을 늘려주며 자세를 유지한다.

2) 오른발은 뻗고 왼발을 교차해주고 오른쪽 팔꿈치로 왼발을 밀어주며 몸을 왼쪽으로 틀어준 상태로 15초 가량 근육을 늘려주며 자세를 유지한다. 이후

반대 방향도 같은 방법으로 진행한다.

3) 오른발은 뻗고 왼발을 바깥쪽 뒤로 구부린 상태로 누워 15초 가량 근육을 늘려주며 자세를 유지한다. 이후 반대 방향도 같은 방법으로 진행한다.

4) 무릎 꿇고 자리에 앉은 자세에서 두 팔을 앞으로 뻗고 상체를 숙여 어깨를 가볍게 눌러준다. 15초 가량 근육을 늘려주며 자세를 유지한다.

5) 앞선 자세에서 오른팔을 옆으로 뻗어주고 오른쪽 어깨를 낮춰주며 상체를 가볍게 눌러준다. 15초 가량 근육을 늘려주며 자세를 유지한다. 이후 반대 방향도 같은 방법으로 진행한다.

6) 엎드린 상태에서 팔을 펴서 상체를 일으켜 세운다. 허리를 활처럼 펴고 가슴은 앞으로 내밀고 턱은 당긴 상태로 15초 가량 근육을 늘려주며 자세를 유지한다.

7) 앞선 자세에서 왼쪽 어깨를 앞으로 넣으며 몸을 오른쪽을 틀어준다. 15초 가량 근육을 늘려주며 자세를 유지한다. 이후 반대 방향도 같은 방법으로 진행한다.

8) 무릎 꿇고 앉은 자세에서 엉덩이를 들고 허리를 활처럼 뒤로 젖혀주며 손으로 발목을 잡는다. 15초 가량 근육을 늘려주며 자세를 유지한다.

많은 분들이 운동 전후에 스트레칭을 귀찮아 하거나 소홀히 하곤 합니다. 특히 운동 후 스트레칭은 그 필요성을 크게 느끼지 못하고 하지 않는 경우도 많습니다.

하지만 운동 전 후 스트레칭만 성실히 해도 운동 효과가 훨씬 좋아질 뿐 아니라 운동 중 발생 할 수 있는 여서 부상을 예방할 수 있습니다.
운동 전후 스트레칭, 꼭 잊지 마십시오.

8. 명상

저는 수련 전후로 명상을 하는 것을 권하고 싶습니다.
명상은 어떤 특정한 생각에 대한 탐구일 수도 있고, 몰입이나 집중이라고도 할 수 있습니다.
하지만 저는 명상이란 생각이나 집중이 아니라, 그런 것들마저 마음속에서 비워내는 일이 바로 명상이라 생각합니다.
명상을 하기 위해 반드시 가부좌를 틀고 앉을 필요는 없습니다.
어느 특별한 장소를 찾아갈 필요도 없습니다.
단지 아주 잠깐 만이라도 홀로 조용한 가운데 머무는 것으로 족합니다.

킥복싱은 물론 모든 무예, 모든 운동 역시 '배움'입니다. 중국 무술을 "쿵푸"라고 부르는데, 이는 우리말로 하면 공부(功夫)라 읽습니다. 이 뜻은 "숙달된 기술"이라 합니다.
어떤 기술을 숙달하기 위해서는 우선 배워야 하고, 숙달할 수 있도록 반복해야 합니다.
무슨 일이나 마찬가지겠지만 이 배움과 숙달을 위한 반복의 과정은 매우 고되고 힘든 일입니다.
이 고되고 힘든 과정을 버티기 위해서는 이 일을 하는 목표와 방향성이 있어야 합니다.
이 목표와 방향성이라는 것은 "이것을 배워야 하는 이유"와 "이것을 숙달해서 어떻게 활용할지에 대한 계획"일 것입니다.
그런데 제가 느낀 바로는, 이 목표와 방향성이라는 것은 어떤 일을 시작하기 위한 동기일 뿐이지, 배움과 숙달을 통한 궁극적인 최종 상태에 이르는데 도움이 되지 않는 경우가 더 많은 것 같습니다.
목표와 방향성에만 너무 집중하다보면 성공에 대한 집착과 실패에 대한 두려움을 갖게 될 것입니다.
이 집착과 두려움은 언제든 배움을 그만 둘 핑계로 돌변할 수 있을 것입니다.
진정한 깊이의 배움과 수련은 목적과 의도가 없어질 때부터 시작한다고 생각합니다.

깊은 배움과 수련이 있기도 전에 성공과 실패에만 집착한다면 배움은 더뎌지고 수련은 힘들어질 것입니다.

앞서 킥복싱의 기초에서 호흡에 대해 강조한 바 있습니다.
저는 배움과 수련의 과정에서 호흡부터 가다듬고 다시 시작할 수 있기를 조언합니다.
호흡은 몸을 제대로 움직이기 위한 신체의 이완을 가져올 것입니다.
성공과 실패에 대한 집착은 호흡마저 불규칙하게 만들고, 신체를 긴장시켜 제대로 된 움직임을 방해하게 될 것입니다.
자, 이제 천천히 호흡을 들이 쉬고 내쉬고를 반복해 보십시오.
천천히 들이 쉬고……. 천천히 내쉬고…….
천천히 호흡을 들이 쉬고 내쉬며 자신의 신체를 가볍고 편하게, 부드럽고 유연하게 이완시켜 주십시오.
신체의 이완은, 당신의 영혼까지 이완시키며 가볍고 편안한 상태로 만들어 줄 것입니다.
그 상태에서 당신이 하고자 하는 일을 생각해 보십시오.
지금 당신은 킥복싱을 하고 계십니다.
킥복싱을 시작했다면 이 운동을 시작했던 이유에 대해서는 이제 잠시 접어두도록 하겠습니다.
그리고 자신이 수련하고 있는 킥복싱의 배움의 과정을 느껴 보십시오.
줄넘기도 하고 달리기도 하고, 쉐도우 파이팅, 샌드백 타격, 미트 훈련, 스파링 등…… 그 하나 하나의 과정을 생생히 느끼고, 그 순간을 즐기며 살아가십시오.
땀에 옷이 흠뻑 젖어버리고, 온 몸에 힘이 다 빠져 그 자리에 그대로 쓰러질 정도로 뛰고 때리고 온 몸을 휘두르던 시간들은, 여러분이 구지 기억하려 하지 않아도 세포 하나 하나가 이 수련의 과정을 담아 두고 몸이 스스로 알아서 움직이게끔 도와줄 것입니다.
승리와 패배, 성공과 실패의 모든 과정들이 배움이 되고 수련이 될 것이며, 결국 여러분을 성장 시킬 것이고 더욱 발전시킬 것입니다.
이 과정 속에서 여러분은 애초의 목표와 방향성을 뛰어넘어, 어느덧 '대가'의 반열에 까지 오를 지도 모릅니다.
자, 그럼 크게 심호흡을 하고 자리에서 일어나겠습니다.
이제 훈련을 시작할 시간입니다.

5 펀치(Punch)

1. 주먹 쥐는 법

일반적인 정권 모습

일반적인 무술에서 주먹을 쥐는 모양과 방법은 다음과 같습니다.

- 검지, 중지, 약지, 새끼 네 손가락을 꽉 말아 준다.
- 엄지손가락으로 검지와 중지 손가락을 포개어 준다.

글러브를 낀 주먹의 정면

태권도나 공수도 등에서는 이와 같은 주먹 모습을 "정권"이라고 표현합니다.

다른 무예에서도 대부분 이 "정권"을 일반적인 주먹 쥐는 법으로 활용하고 있습니다.

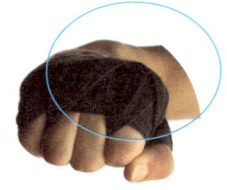

너클파트의 위치

하지만 복싱, 킥복싱, 무에타이 등 글러브를 착용하는 입식 격투기에서는 엄지손가락이 검지, 중지 손가락을 포개어 주먹 쥐기 힘든 모양새의 글러브 때문에 "정권" 형태로 주먹을 만들기 곤란합니다.

그래서 글러브를 착용하는 입식 격투기 선수들은 주먹을 쥘 때는 위의 사진과 같이 엄지손가락을 검지손가락에 살짝 얹혀 주먹을 쥐게 됩니다.

그리고 손목을 살짝 아래로 내려 '너클파트'라 불리는 주먹의 중심 부위로 상대를 타격할 수 있도록 해야 합니다.

주먹을 쥘 때 주의해야 할 점은 다음과 같습니다.

- 검지, 중지, 약지, 새끼손가락을 나란히 쥐어야 한다. 어느 한 손가락이도 튀어 나오게 되면 타격 시 충격이 고스란히 한 손가락에 쏠려 부상을 당할 수 있다.
- 엄지손가락은 관절을 굽혀 주먹 앞으로 튀어나오지 않게 한다. 엄지손가락이 주먹 앞으로 나와 있다가는 타격시 손가락이 꺾여지거나 부상을 당할 수 있다.
- 엄지손가락으로 검지손가락을 포갤 때에는 힘을 빼고 살포시 얹어준다. 엄지손가락에 지나치게 힘

을 주고 타격 훈련을 하다가는 엄지손가락의 손톱과 살 사이가 벌어지는 부상을 당할 수 있다.

• 반드시 손목을 5° 가량 살짝 아래로 내려야 한다. 손목이 위로 들려 있으면 손가락 관절 마디로 타격하게 되어 손가락 관절이나 손목을 다칠 수 있다.

• 초심자들이나 수련 기간이 짧은 사람들은 주먹을 쥘 때 너무 꽉 쥐지도, 그렇다고 손을 가볍게 펴거나 하지 말고 적당한 힘으로 주먹을 쥐고 타격 훈련을 해야 한다. 주먹을 너무 꽉 쥐면 팔에 힘이 들어가 핸드 스피드가 느려지게 된다. 그렇다고 아직 타격이 서투른 상황에서 선수들이나 수련 기간이 오래된 사람들처럼 주먹을 쥔 듯 만 듯 너무 가볍게 주먹을 쥐고 타격 훈련을 하다가는 손가락을 다치는 경우도 발생할 수 있다. 킥복싱 수련을 시작한지 얼마 되지 않은 사람들은 적당한 힘으로 주먹을 쥐고 타격 훈련을 해야 한다.

"펀치를 칠 때 주먹을 꽉 쥐어라"라고 강조하는 이유는 앞서 말한 바와 같이 손가락이나 손목의 부상을 방지 하기 위함도 있지만 상대에게 더 큰 타격을 전달할 수 있기 때문도 있습니다.

주먹을 꽉 쥐어주면 팔뚝, 즉 전완근의 근육이 단단해 짐을 느낄 수 있을 것입니다.

단단해진 전완근 팔뚝에서 나오는 힘은 더 강한 충격량을 상대방에게 전달할 수 있게 됩니다.

반대로 주먹을 느슨하게 쥐게 되면 전완근의 근육도 그만큼 느슨해지고, 목표에 전달할 수 있는 충격량도 그만큼 줄어들게 됩니다. 게다가 손가락이나 손목도 느슨해져 부상을 당할 우려도 자연히 높아지게 됩니다.

펀치를 치는 순간 순간 주먹을 꽉 쥐는 훈련을 해 보십시오.

나날이 자신의 펀치력이 더 강해짐을 스스로 느낄 수 있을 겁니다.

※ 이 책에서는 오서독스 스탠스, 오른손잡이 자세를 기준으로 동작들을 설명하고 있습니다. 사우스포 스탠스, 왼손잡이 자세의 경우 내용의 오른쪽과 왼쪽을 바꾸어 이해해야 합니다.

2. 스트레이트(Straight punch)

스트레이트 펀치는 태권도나 공수도의 정권지르기와 같이 길게 뻗어 치는 펀치입니다.

이 과정에서는 킥복싱에서 많이 사용하는 잽, 크로스, 바디 스트레이트에 대한 설명과 스트레이트 펀치에 대한 방어 방법에 대해 알아보겠습니다.

(1) 잽(Jab)

잽은 왼손 스트레이트 펀치를 뜻합니다.

보통 체육관에서는 보통 '잽', '원(숫자 1, one)' 이라고 부릅니다.

태국 무에타이에서는 스트레이트 펀치를 '맏 뜨롱'이라고 하는데, 잽은 '맏 나 뜨롱', '옙' 이라고 부릅니다. 여기서 '옙'은 영어 '잽(jab)'에서 영향을 받은 말이라고 합니다.

또는 '왼쪽'을 뜻하는 태국어 '싸이'를 붙여 '맏 싸이', '띠 싸이', '또이 싸이'라고 부르기도 합니다.

잽이란 상대편의 얼굴을 향해 빠르고 곧게 앞손 주먹을 뻗어 치는 기술입니다.

오서독스는 왼손으로, 사우스포는 오른손으로 잽을 치는 것을 기본으로 합니다.

| 준비 | 오른발로 바닥을 밀어주며 왼발을 앞으로 전진 한다. | 왼쪽 어깨와 허리를 앞으로 회전시키며 왼손 주먹을 손등이 위를 보게 한 상태에서 얼굴 높이로 가볍고 빠르게 잽을 뻗는다. | 잽을 친 후 왼손을 당겨오며 다시 준비 자세로 돌아와 자연스럽게 스텝을 걷는다. |

  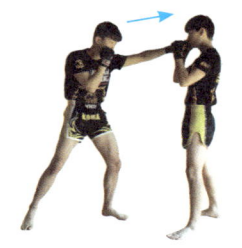 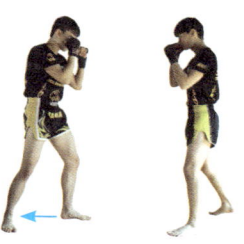

양 선수 준비 | 좌측의 공격자가 왼발을 앞으로 전진 하며 상대를 타격할 수 있는 거리로 접근한다. | 상대의 얼굴 정면을 향해 가볍고 빠르게 잽을 날린다. | 잽을 친 후 다시 왼손을 회수하고 왼발을 뒤로 빼어 상대방과 기본 거리를 유지한다.

잽을 칠 때는 타격하는 순간 주먹을 꽉 쥐고 손목을 돌려주며 스냅을 주어 끊어 치듯 타격하고, 타격 후 곧장 왼손을 당겨 준비 자세로 복귀할 수 있도록 훈련해야 합니다.

잽을 칠 때 유의사항은 다음과 같습니다.

잽을 칠 때는 주먹을 떨어뜨리거나 뒤로 빼는 등의 불필요한 예비 동작을 넣어서는 안 됩니다.

너무 세게 치려고 주먹을 휘두르거나 쭉 밀어치지 말고, 가볍고 빠르게 팔을 뻗어 타격하고 상대를 친 반동으로 다시 준비 자세로 돌아와야 합니다.

왼손을 아래로 떨어뜨리며 예비 동작을 하고 있다.

왼손 잽을 치며 오른손 가드를 떨어뜨리고 있다.

왼손 잽을 칠 때 반대손인 오른손은 오른쪽 눈 아래 뺨에 붙여야 합니다.

초심자들은 펀치 기술을 배울 때 공격하는 손의 반대손을 얼굴 아래로 떨어뜨리며 가드를 무너뜨리고 안면을 무방비로 노출시키는 실수를 범하곤 합니다.

이와 같이 안면이 노출이 되면 언제든 상대의 반격에 당할 수 있으니 유의해야 합니다. 항상 공격하지 않는 손은 얼굴 앞에 두고 언제든 방어를 할 수 있도록 습관을 들여야 합니다.

펀치를 칠 때 꼭 명심해야 하는 사항은 다음과 같습니다.

"주먹은 눈 밑에서 출발하고 눈 밑으로 돌아와야 한다."

펀치를 훈련을 할 때 펀치를 치는 손의 반대손으로 뺨을 터치하는 훈련을 하며 수련해 보시길 바랍니다.
펀치를 칠 때 가드를 떨어뜨리는 습관을 고칠 수 있는 가장 좋은 방법이 될 것입니다.

(2) 크로스(Cross)

크로스는 오른손 스트레이트 펀치입니다.
보통, '크로스', '투(숫자 2, two)', '라이트' 라고 부르고, 태국 무에타이에서는 "또이", "또이 꽈", "맏 꽈" 라고 부릅니다.
크로스는 오른손을 곧게 뻗어 치는 기술입니다.
크로스를 칠 때 가장 중요한 것은 오른쪽 발목의 회전입니다.
강한 주먹의 힘은 단순히 팔에서만 나오는 것이 아니라 하체에서부터 힘을 끌어올려 전신의 체중을 주먹 끝에 실어주는 데에서부터 나옵니다.
그 시작이 바로 발목의 회전입니다.
오른발의 앞축을 중심으로 뒤꿈치를 들고 발목을 회전하면 자연스레 무릎에 회전하고, 무릎이 회전하면 엉덩이가 회전하고, 엉덩이가 회전하면 허리가 회전하고, 허리가 회전하면 어깨가 회전합니다.
몸의 회전과 함께 전신의 힘은 발에서부터 무릎으로, 무릎에서부터 엉덩이, 엉덩이에서 허리로, 허리에서부터 어깨, 어깨에서 팔꿈치로, 팔꿈치로부터 주먹 끝으로 끌어 올리며 더 강한 힘으로 목표를 타격할 수 있게 됩니다.

  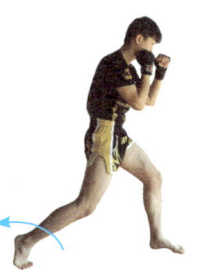  

| 준비] | 오른발로 바닥을 밀어주며 왼발을 앞으로 전진 한다. | 왼발은 바닥을 단단히 디디고 오른손 주먹을 뻗을 준비를 한 채 오른쪽 발목, 무릎, 엉덩이, 허리, 어깨 순서로 몸을 앞으로 회전시킨다. | 몸을 회전하는 힘을 오른손 주먹 끝에 실어 앞으로 강하고 빠르게 뻗는다. | 크로스를 친 후 오른손을 당겨오며 다시 준비 자세로 돌아와 자연스럽게 스텝을 걷는다. |

    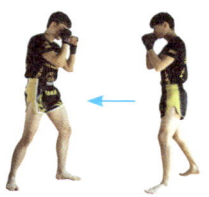

| 양 선수 준비 | 좌측의 공격자가 왼발을 앞으로 전진하며 상대를 타격할 수 있는 거리로 접근한다. | 공격자는 왼발을 바닥에 단단히 디디고 오른손 주먹을 뻗을 준비를 한 채 오른쪽 발목, 무릎, 엉덩이, 허리, 어깨 순서로 몸을 왼쪽으로 회전시킨다. | 몸을 회전하는 힘을 오른손 주먹 끝에 실어 상대 얼굴 정면을 향해 오른손 크로스를 날린다. | 크로스를 친 후 다시 오른손을 회수하고 두 발을 뒤로 빼어 상대방과 기본 거리를 유지한다. |

크로스를 칠 때도 잽을 칠 때와 마찬가지로 "주먹은 눈 밑에서 출발하고, 눈 밑으로 돌아와야 한다."라는 것을 꼭 명심해야 합니다.

또한 세게 치려고 주먹을 휘두르거나 쭉 밀어치지 말고, 타격하는 순간 주먹을 꽉 쥐고 손목을 돌려주며 스냅을 주어 끊어 치듯 타격하고, 타격 후 곧장 주먹을 당겨 기본자세로 복귀할 수 있도록 훈련해야 합니다.

크로스를 칠 때 유의해야 하는 사항은 다음과 같습니다.

너무 세게 치기 위해 주먹을 뒤로 빼었다가 칠 필요는 없습니다. 이미 말한 바와 같이 크로스의 힘은 발목을 회전시키는 데에서 시작해야 합니다. 불필요하게 주먹을 뒤로 빼는 예비 동작은 도리어 상대에게 빈틈을 허용하는 단초를 제공하게 될 것입니다.

오른손을 뒤로 빼어 예비 동작을 취하고 있다.

잽이나 다른 펀치를 칠 때와 마찬가지로 크로스를 치는 손의 반대손은 반드시 얼굴 앞에서 가드를 유지해야 합니다. 경기 중에 크로스 카운터 (상대의 공격을 방어하며 받아치는 반격 기술)를 노리는 선수들은 상대방이 공격을 하며 가드를 떨어뜨리는 순간만을 노리고 있습니다.

오른손 크로스를 치며 왼손 가드를 떨어뜨리고 있다.

초심자들에게서 많이 나타나는 부분인데, 양 발의 스탠스가 너무 좁거나 크로스를 치다가 지나치게 몸을 돌려주게 되면 좌측의 사진과 같이 몸이 한쪽으로 기울어지고 밸런스를 잃게 되는 현상이 종종 일어나곤 합니다.

몸이 심하게 기울어져 있다.

몸을 이렇게까지 틀어준다고 힘을 더 강하게 전달할 수 있는 건 아닙니다. 실제 경기에서는 상대의 공격을 피하며 펀치를 치기 위해 이렇게 몸을 기울이는 경우가 발생할 순 있지만, 평상시 크로스 연습을 할 때 이처럼 몸을 기울이고 비틀어서 연습을 하게 되면 자칫 무릎, 허리, 어깨 관절 등에 무리가 갈 수 있습니다.

그렇다고 태권도 정권 지르기처럼 항상 꼿꼿이 서서 연습할 필요는 없지만, 지나침은 부족함만 못하다는 사실을 꼭 유념해야 합니다.

(3) 바디 스트레이트 펀치 (Body straight punch)

펀치는 얼굴만을 칠 수 있는 공격이 아닙니다.
몸통 부분을 향해서도 펀치를 칠 수 있습니다.
바디 스트레이트는 상대방의 몸을 향한 펀치 기술로, 명치와 복부를 주된 타겟으로 하고 있습니다.
얼굴을 향한 스트레이트와 거의 유사하지만 펀치를 치는 순간 상체를 앞으로 숙여 무게 중심을 낮춰주며 상대 몸을 향해 펀치를 내지릅니다.

1) 왼손 바디 스트레이트 펀치

준비

오른발로 바닥을 밀어주며 왼발을 앞으로 전진 한다.

상체 앞으로 숙이고, 왼쪽 어깨와 허리를 앞으로 회전시키며 왼손 주먹을 손등이 위를 보게 한 상태로 명치 정도 높이로 가볍고 빠르게 펀치를 뻗는다.

펀치를 친 후 왼손을 당기고 상체를 세우며 다시 준비 자세로 돌아와 자연스럽게 스텝을 걷는다.

양 선수 준비

좌측의 공격자가 왼발을 앞으로 전진 하며 상대를 타격할 수 있는 거리로 접근 한다.

상체를 앞으로 숙여주며 상대의 팔꿈치 사이로 명치를 향해 왼손으로 가볍고 빠르게 펀치를 날린다.

펀치를 친 후 다시 왼손을 회수하고 왼발을 뒤로 빼어 상대방과 기본 거리를 유지한다.

2) 오른손 바디 스트레이트 펀치

| 준비 | 오른발로 바닥을 밀어주며 왼발을 앞으로 전진 한다. | 왼발은 바닥을 단단히 디디고 오른손 주먹을 뻗을 준비를 한 채 상체를 앞으로 숙여주며 오른쪽 발목, 무릎, 엉덩이, 허리, 어깨 순서로 몸을 앞으로 회전시킨다. | 몸을 회전하는 힘을 오른손 주먹 끝에 실어 명치 정도 높이로 강하고 빠르게 뻗는다. | 펀치를 친 후 오른손을 당겨오며 다시 준비 자세로 돌아와 자연스럽게 스텝을 걷는다. |

| 양 선수 준비 | 좌측의 공격자가 왼발을 앞으로 전진하며 상대를 타격할 수 있는 거리로 접근한다. | 공격자는 왼발은 바닥을 단단히 디디고 오른손 주먹을 뻗을 준비를 한 채 상체를 앞으로 숙여주며 오른쪽 발목, 무릎, 엉덩이, 허리, 어깨 순서로 몸을 앞으로 회전시킨다. | 상대의 팔꿈치 사이로 명치를 향해 오른손으로 강하고 빠르게 펀치를 날린다. | 펀치를 친 후 다시 오른손을 회수하고 두 발을 뒤로 빼어 상대방과 기본 거리를 유지한다. |

(4) 스트레이트에 대한 방어

1) 정면 가드(Front guard)

글러브를 낀 상태에서 눈 밑에 두 주먹을 붙이게 되면 자연스럽게 코, 입, 턱 등 얼굴의 주요한 부분을 모두 커버할 수 있습니다.

기본적인 가드 커버링

하지만 이렇게 상대의 공격을 막는다 해도 그 충격이 얼굴로 전달되는 문제가 있습니다.

이럴 때에는 턱을 숙이고 주먹을 눈썹 위로 올려보십시오. 이를 정면 가드라고 부릅니다.

이렇게 하면 팔뚝으로 상대의 공격을 막아내며 얼굴 부분에 직접적인 충격을 덜 입게 됩니다.

이마 위로 가드를 올리게 되면 보다 충격을 덜 받으며 방어할 수 있다.

상대가 스트레이트로 공격할 때 기본자세에서 재빠르게 두 주먹을 이마에 붙이며 막아내는 연습을 해 보십시오.

상대의 스트레이트를 정면 가드로 막아내는 모습

단, 지속해서 이 상태로 계속 공격을 당하게 되면 펀치를 막아낸다 해도 그 충격이 적지 않을 테니, 정면 가드 외에 다른 방어 방법도 반드시 습득해야 합니다.

2) 스토핑 (stopping)

스토핑은 상대의 스트레이트를 손바닥이나 팔뚝으로 막아내는 방어 방법입니다.

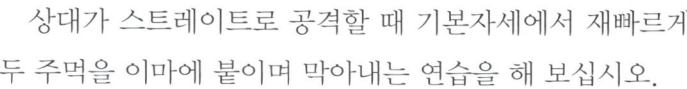

상대의 잽이나 가벼운 스트레이트 펀치를 방어하는데 유용합니다.

스토핑은 얼굴 부위에 직간접적인 충격을 받지 않고 스트레이트를 방어할 수 있는 좋은 방어 방법입니다.

하지만 너무 자주 사용하다가 기본자세의 가드가 허술해질 수 있고, 체중이 실린 강한 펀치에 대해 방어가 힘들 수도 있으니 유의해야 합니다.

스토핑

상대의 스트레이트를 스토핑으로 방어하는 모습

3) 파링(parrying)

파링은 상대 스트레이트를 옆으로 쳐낼 수도 있고

바 깥쪽으로 돌려낼 수도 있다.

스토핑이 상대의 스트레이트 공격을 정면으로 받아내는 방어 방법이라면, 파링은 상대 스트레이트 공격을 손바닥이나 팔뚝으로 옆으로 쳐내거나 돌려내어 방어하는 방법입니다.

파링은 기본적으로 상대방의 스트레이트 공격의 공격 방향을 벗어나게 하는 방어법입니다. 이 때 파링을 하며 손과 팔로만 방어할 수도 있지만, 머리와 상체도 함께 움직여 피할 수 있도록 훈련하는 것이 좋습니다.

옆으로 쳐내는 모습

바깥으로 돌려내는 모습

4) 슬리핑(Slipping)

슬리핑은 머리와 어깨를 좌, 우로 돌려주며 상대의 스트레이트를 피하는 방법입니다.

슬리핑

상대의 스트레이트 펀치를 어깨 너머로 흘린다는 느낌으로 몸을 좌, 우로 틀어 피합니다.

대게 상대 왼손 스트레이트는 오른쪽으로, 오른손 스트레이트는 왼쪽으로 몸을 돌려주며 피합니다.

상대의 공격을 피한 후 반격으로 연결하기 좋은 방어 방법입니다.

상대의 스트레이트를 슬리핑으로 피하는 모습

3. 훅(Hook punch)

훅(Hook)은 갈고리 라는 뜻입니다.

팔을 갈고리처럼 90° 가량 굽힌 채로 펀치를 휘두른다고 해서 훅(Hook punch)이라는 이름이 붙었습니다.

태국 무에타이에서는 짧은 훅은 '맏 콩', 길게 뻗어 치는 훅을 '맏 쾅', '맏 위앵'이라 부릅니다.

스트레이트가 상대 얼굴의 정면을 공격하는 기술이라면, 훅은 상대의 턱, 관자놀이 등 얼굴의 측면을 노리는 기술입니다.

이 과정에서는 훅 펀치를 치는 방법과 훅 펀치에 대한 방어 방법에 대해 알아보겠습니다.

가로 주먹

45° 각도 주먹

세로 주먹

훅을 칠 때는 90° 정도로 팔을 굽혀 휘두른다.

훅을 칠 때에 주먹의 자세는 기본적으로 스트레이트를 칠 때처럼 손등을 위를 향하게 합니다.

하지만 사진에서처럼 주먹을 45° 정도 비스듬히 틀어주거나 주먹을 세로로 세워서 쳐도 괜찮습니다.

훅을 칠 때 팔의 기본적인 각도는 90° 정도입니다. 90° 정도로 팔을 굽혀 목표를 타격하고, 타격 순간 손목과 팔에 스냅을 주어 안으로 당겨주며 준비 자세로 돌아옵니다.

되도록 목표와의 거리에 따라 유연하게 팔의 굽힌 정도를 조절하여 짧게, 혹은 길게 다양한 거리와 각도로 훅을 칠 수 있도록 연습하면 좋겠습니다.

훅을 칠 때 팔을 너무 많이 굽히는 건 좋지 않다.

간혹 팔을 거의 다 굽힌 채로 너무 짧게만 훅을 치는 연습하는 사람들이 있는데, 복싱이라면 모를까, 킥복싱에서 이와 같이 너무 짧게만 훅을 연습하는 것은 좋은 방법이라 할 수 없습니다.

종종 초심자들이 미트나 샌드백을 타격할 때 이와 같이 팔을 거의 다 굽혀 짧게 훅을 치는 모습을 보이는데, 이렇게 짧게 치게 되는 이유는 팔을 많이 굽히다보니 팔의 근육이 수축하여 미트나 샌드백을 쳤을 때 좀 더 세게 부딪힌다는 느낌을 받기 때문일 것입니다.

하지만 이렇게 짧게 치는 것만을 연습하면 먼 거리에서 길게 훅을 쳐야 하는 상황에 쉽게 대처하기 힘들거니와, 짧게 치기 위해 그만큼 상대에게 붙어 들어가야 하기 때문에 위험 부담도 높아질 것입니다.

킥복싱은 주먹 뿐 아니라 발도 함께 사용하는 입식 격투기입니다.

훅이나 펀치 기술을 너무 짧게 치는 습관을 들이게 된다면 훅을 치고 난 후 킥 등 다른 기술과의 컴비네이션으로 연결할 거리와 공간을 상실하게 될 수도 있습니다.

이러한 이유로 훅은 다양한 각도로 연습하는 것이 좋습니다.

(1) 왼손 훅

   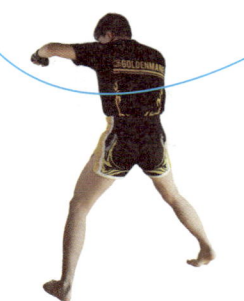 

| 준비 | 왼쪽 어깨와 허리를 뒤로 당겨준다. 마치 용수철을 튀어오르게 하기 위해 눌러 오므리는 이치와 같다. | 왼쪽 발목과 엉덩이, 허리를 살짝 회전해 주고 왼손 훅을 날릴 준비를 한다. | 옆구리가 팔꿈치를 튕겨내듯, 팔꿈치를 어깨 높이까지 들어 주고 팔을 90° 정도 굽힌 채로 허리와 어깨를 회전시키며 얼굴 높이로 훅을 휘두른다. | 훅을 친 후 손목과 팔을 스냅을 주어 안으로 당겨 주며 주먹을 회수한다. 다시 가드를 올리며 준비 자세로 돌아온다. |

  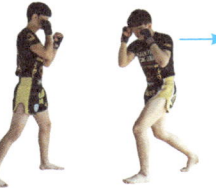   

양 선수 준비

우측의 공격자가 훅을 치기 위해 왼쪽 어깨와 허리를 뒤로 당겨 준다.

공격자는 왼발을 앞으로 전진 하며 상대를 타격할 수 있는 거리로 접근한다.

팔꿈치를 어깨 높이까지 들어주고 팔을 90° 정도로 굽힌 상태로 상대 얼굴 측면의 턱이나 관자놀이를 향해 훅을 휘두른다.

가드를 올려 준비 자세로 돌아와 두 발을 뒤로 빼어 상대방과 기본 거리를 유지한다.

(2) 오른손 훅

  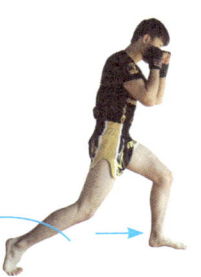  

준비

오른쪽 어깨와 허리를 뒤로 당겨준다. 마치 용수철을 튀어 오르게 하기 위해 눌러 오므리는 이치와 같다.

오른쪽 발목과 엉덩이, 허리를 회전해주고 오른손 훅을 날릴 준비를 한다.

옆구리가 팔꿈치를 튕겨내듯, 팔꿈치를 어깨 높이까지 들어주고 팔을 90° 정도 굽힌 채로 허리와 어깨를 회전시키며 얼굴 높이로 훅을 휘두른다.

훅을 친 후 손목과 팔을 스냅을 주어 안으로 당겨 주며 주먹을 회수한다. 다시 가드를 올리며 준비 자세로 돌아온다.

  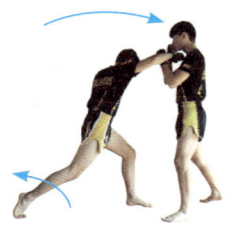 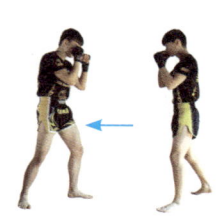

양 선수 준비	좌측의 공격자가 훅을 치기 위해 오른쪽 어깨와 허리를 뒤로 당겨 준다.	공격자는 왼발을 앞으로 전진 하며 상대를 타격할 수 있는 거리로 접근한다.	오른쪽 발목부터 무릎, 엉덩이, 허리, 어깨까지 회전시키며 팔꿈치를 어깨 높이까지 들어주고 팔을 90° 정도로 굽힌 상태로 상대 얼굴 측면의 턱이나 관자놀이를 향해 훅을 휘두른다.	훅으로 상대를 타격하는 동시에 손목과 팔을 스냅을 주어 안으로 당겨주며 주먹을 회수하고 가드를 올려 준비 자세로 돌아와 두 발을 뒤로 빼어 상대방과 기본 거리를 유지한다.

훅은 오른손보다 왼손을 활용하게 되는 경우가 많습니다.

훅을 칠 때 팔을 굽혀서 치다 보니 스트레이트에 비해 공격 거리가 짧아집니다. 그로 인해 몸의 뒤쪽에 두고 있는 오른손 훅을 치려면 동작을 크게 해서 휘두르게 되고, 상대방에게 간파당하기 쉽습니다. 그래서 실전에서는 몸의 앞쪽에 있는 왼손 훅을 보다 많이 활용하게 됩니다. 게다가 왼손 훅은 다양한 공격 컴비네이션의 조합을 만들기도 매우 좋습니다.

훅을 칠 때 유의해야 할 사항은 다음과 같습니다.

어깨와 허리가 빠지지 않고 주먹만 뒤로 빼어 크게 휘두르려 하고 있다.

앞서 말한 바와 같이 훅을 칠 때는 어깨와 허리를 살짝 뒤로 당겼다가 다시 몸을 회전하며 펀치를 날려야 합니다. 그런데 훅을 연습하는 사람들 중에는 간혹 마음만 너무 앞서 몸을 뒤로 당겨주는 게 아니라 주먹만 뒤로 당겼다가 휘두르는 경우도 심심찮게 볼 수 있습니다. 이렇게 되면 힘을 제대로 실어 칠 수가 없고 어깨에 많은 무리가 갈 수 있으니 유의해야 합니다.

팔로만 휘둘러 훅을 치고 있다.

엉덩이와 어깨를 회전시키지 않고 팔로만 훅을 휘두르게 되면 팔의 힘으로만 펀치를 치는 것이기 때문에 완전히 체중이 실린 강한 타격을 기대하기 힘들어 집니다.

훅을 칠 때 팔꿈치는 어깨 높이까지 올려주어야 하는데 팔꿈치가 어깨보다 아래에 있으면 팔과 손목으로만 훅을 치게 됩니다. 이 역시 체중이 실린 강한 타격을 기대하기 어렵고, 자칫 손가락이나 손목에 부상을 당할 우려가 있다.

팔꿈치가 어깨 아래로 떨어진 채 훅을 치고 있다.

(4) 오버헤드 훅(Over head hook punch)

오버헤드 훅은 훅 펀치의 응용 기술로서, 주먹과 팔꿈치를 머리 위에서부터 크게 돌려 치는 기술입니다.

이는 상대방의 가드 위를 뚫고 상대 안면을 타격하기 위한 변칙적인 기술이라 할 수 있습니다.

오버헤드 훅을 치는 요령은 일반 훅과 같으며, 다만 주먹과 팔꿈치를 들어 위에서 아래로 내려찍듯 펀치를 쳐야 합니다.

준비 / 오른쪽 어깨와 허리를 뒤로 당겨준다. / 오른쪽 발목과 엉덩이, 허리를 회전해 주고 팔꿈치를 들어 주먹을 머리 위로 올린다. / 허리와 어깨, 상체를 회전해주며 팔을 굽힌 채로 주먹을 머리 위에서 아래로 깎아치듯 휘두른다. / 훅을 친 후 손목과 팔을 스냅을 주어 안으로 당겨 주며 주먹을 회수한다. 다시 가드를 올리며 준비 자세로 돌아온다.

117

  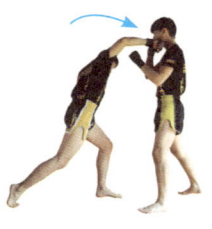 

| 양 선수 준비 | 좌측의 공격자가 훅을 치기 위해 오른쪽 어깨와 허리를 뒤로 당겨 준다. | 공격자는 왼발을 앞으로 전진 하며 상대를 타격할 수 있는 거리로 접근하고, 팔꿈치를 들어 주먹을 머리 위로 올린다. | 허리와 어깨, 상체를 회전해주며 팔을 굽힌 채로 주먹을 상대 가드 위를 넘겨 얼굴 측면을 향해 아래로 깎아 치듯 휘두른다. | 가드를 올려 준비 자세로 돌아와 두 발을 뒤로 빼어 상대방과 기본 거리를 유지한다. |

(5) 훅에 대한 방어

1) 측면 가드 (side guard)

측면 가드

훅 펀치는 얼굴의 측면, 턱과 관자놀이 등을 노리는 기술이기에 가드 역시 얼굴의 옆을 막아야 합니다.

훅을 막을 때는 어깨를 턱쪽으로 당기고 팔을 굽힌 채로 팔꿈치를 들어 얼굴 옆을 가리며 방어 합니다.

얼굴 옆을 방어하는 방법이기에 이를 측면 가드라고 부릅니다.

측면 가드를 할 때에는 팔뚝과 글러브를 얼굴 옆에 대어 상대 공격으로부터의 충격을 최소화 할 수 있도록 해야 합니다.

훅에 대한 측면 가드

간혹 측면 가드를 할 때 팔꿈치를 완전히 굽히지 않거나 팔뚝을 얼굴 옆에 붙이지 않는 경우가 있는데, 이렇게 상대 훅을 막으려다가 자신의 팔뚝에 얼굴이 튕겨 맞거나 상대 공격이 가드를 뚫고 들어올 수 있기에 유의해야 합니다.

2) 암 블록 (Arm block)

내 팔뚝을 바깥쪽으로 뻗어 상대 훅 펀치를 걸어 막습니다.

태권도나 공수도의 팔뚝 바깥 막기와 같은 기술입니다.

이 때 암 블록을 하는 팔은 반드시 바깥쪽 대각선으로 쭉 뻗어서 상대 훅을 막아야 합니다.

만약 잘못 방어할 경우 상대의 훅이 내 팔뚝 사이로 들어와 얼굴에 꽂힐 수도 있습니다.

암 블록

훅에 대한 암 블록

3) 린백 (Lean back)

린백

린백은 상체를 뒤로 젖혀주는 방어 기술입니다.

린백은 훅 뿐 아니라 스트레이트, 이후 설명할 어퍼컷 까지 모든 펀치 기술에 대한 방어 방법으로 활용할 수 있습니다.

상대 훅이 날아오는 순간 허리를 뒤로 젖히며 상대의 공격을 피합니다.

이 때 발을 뒤로 한 발 빼며 피해도 좋습니다.

양 선수 준비

훅에 대한 린백

4) 위빙

몸을 'U' 형태로 흔들어 준다.

위빙은 마치 몸을 'U' 형태로 무릎을 굽히고 상체를 좌, 우로 흔들어 훅을 피하는 방어 방법입니다.

상대의 훅을 피하며 상체를 흔들 때 머리를 그냥 아래로 내린다기보다 상대의 가슴 쪽으로 머리를 숙여준다는 느낌으로 연습해야 합니다.

왼손 훅에 대한 위빙

오른손 훅에 대한 위빙

왼손 훅은 오른쪽으로, 오른손 훅은 왼쪽으로 몸을 흔들며 피합니다.
이 때 제자리에서 위빙으로 피할 수도 있고, 위빙을 하며 발을 움직여 피할 수도 있습니다.

4. 어퍼컷(Upper cut punch)

어퍼컷은 주먹을 아래에서 위로 올려치는 펀치입니다.
태국 무에타이에서는 '맏 수히' 라고 부릅니다.
훅을 칠 때처럼 팔을 90° 가량 굽혀주는데, 훅이 수평으로 휘두르는 펀치라면 어퍼컷은 수직에 가깝게 아래에서 위로 휘두릅니다.
어퍼컷은 상대 얼굴의 아래턱, 몸의 정면과 측면 등을 노리는 펀치 기술로서, 보통 근접전에서 반격 카운터로 자주 활용되는 무기 중 하나입니다.
훅과 마찬가지로 어퍼컷도 팔의 각도를 90° 정도로 굽혀 목표를 타격하게 되지만, 목표와의 거리에 따라 유연하게 팔의 굽힌 정도를 조절하여 짧게, 혹은 길게 다양한 거리와 각도로 어퍼컷을 칠 수 있도록 연습하면 좋겠습니다.
이 책에서는 얼굴을 향해 올려치는 펀치를 '어퍼컷', 옆구리, 갈비뼈, 명치 등을 향해 주먹을 내려 상대의 몸을 향해 올려치는 펀치를 '바디 샷(Body shot)' 이라 칭하고 설명하겠습니다.

(1) 왼손 어퍼컷

| 준비 | 왼쪽 어깨와 허리를 뒤로 당겨준다. 마치 용수철을 튀어오르게 하기 위해 눌러 오므리는 이치와 같다. 이 때 왼손 주먹을 어깨 어간까지 내려준다. | 왼쪽 발목부터 무릎, 엉덩이를 회전시키며 주먹을 올려칠 준비를 한다. | 허리, 어깨를 회전시키며 팔을 90° 정도로 굽히고 등주먹이 앞을 보는 상태로 턱 높이 정도로 주먹을 아래에서 위로 올려친다. | 어퍼컷으로 상대를 타격하는 동시에 손목과 팔을 스냅을 주어 안으로 당겨주며 주먹을 회수하고 가드를 올려 준비 자세로 돌아온다. |

| 양 선수 준비 | 좌측의 공격자는 어퍼컷을 치기 위해 왼쪽 어깨와 허리를 뒤로 당기며 왼발을 앞으로 전진 해 상대를 타격할 수 있는 거리로 접근한다. | 공격자는 왼쪽 발목부터 무릎, 엉덩이, 허리, 어깨를 회전시키며 주먹을 어깨 어간에서 올려 칠 준비를 한다. | 팔꿈치를 90° 정도로 굽히고 상대의 가드 사이로 턱을 향해 주먹을 아래에서 위로 올려친다. | 가드를 올리며 준비 자세로 돌아와 두 발을 뒤로 빼어 상대와 기본 거리를 유지한다. |

(2) 오른손 어퍼컷

준비 | 오른쪽 어깨와 허리를 뒤로 당겨준다. 이 때 오른손 주먹을 어깨 어간까지 내려준다. | 오른쪽 발목부터 무릎, 엉덩이를 회전시키며 주먹을 올려칠 준비를 한다. | 허리, 어깨를 회전시키며 팔을 90° 정도로 굽히고 등주먹이 앞을 보는 상태로 턱 높이 정도로 주먹을 아래에서 위로 올려친다. | 어퍼컷으로 상대를 타격하는 동시에 손목과 팔을 스냅을 주어 안으로 당겨주며 주먹을 회수하고 가드를 올려 준비 자세로 돌아온다.

양 선수 준비 | 좌측의 공격자는 어퍼컷을 치기 위해 오른쪽 어깨와 허리를 뒤로 당긴 상태로 왼발을 앞으로 전진 해 상대를 타격할 수 있는 거리로 접근한다. | 공격자는 오른쪽 발목부터 무릎, 엉덩이, 허리, 어깨를 회전시키며 주먹을 어깨 어간에서 올려칠 준비를 한다. | 팔꿈치를 90° 정도로 굽히고 상대의 가드 사이로 턱을 향해 주먹을 아래에서 위로 올려친다. | 가드를 올리며 준비 자세로 돌아와 두 발을 뒤로 빼어 상대와 기본 거리를 유지한다.

어퍼컷을 칠 때 유의해야 하는 사항은 다음과 같습니다.

너무 짧은 어퍼컷

훅과 마찬가지로 너무 지나치게 짧은 거리에서만 어퍼컷을 연습할 필요는 없습니다. 때로는 어퍼컷을 칠 때 팔을 뻗어 원거리의 상대를 적중 시킬 수 있도록 연습해야 합니다.

어퍼컷을 칠 때 머리 위로 지나치게 올려칠 필요는 없습니다. 이런 궤도의 공격은 빗나가기 일쑤이고 큰 동작 때문에 상대방에게 반격 당하기 쉽습니다.

머리 위로 높게 올려칠 필요는 없다.

(3) 왼손 바디샷

준비

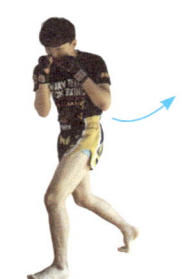

왼쪽 어깨와 허리를 뒤로 당겨준다. 이 때 왼손 주먹을 어깨 어간까지 내려준다.

왼쪽 발목부터 무릎, 엉덩이를 회전시키고 상체를 숙이며 무게 중심을 낮춘다.

주먹을 허리 어간으로 내린 채 허리, 어깨를 회전시키며 팔을 90° 정도로 굽히고 등주먹이 아래를 보는 상태로 옆구리 정도 높이로 주먹을 아래에서 위로 올려 친다.

바디샷으로 상대를 타격하는 동시에 손목과 팔을 스냅을 주어 안으로 당겨주며 주먹을 회수하고 상체를 세우고 가드를 올려 준비 자세로 돌아온다.

| 양 선수 준비 | 우측의 공격자는 바디샷을 치기 위해 왼쪽 어깨와 허리를 뒤로 당겨준다. | 왼발을 앞으로 전진해 상대를 타격할 수 있는 거리로 접근한다. | 상대 옆구리를 향해 주먹을 날린다. 이때 주된 목표는 상대의 오른쪽 갈비뼈, 간이 있는 부분을 노려야 한다. | 가드를 올리며 준비 자세로 돌아와 두 발을 뒤로 빼어 상대와 기본 거리를 유지한다. |

격투 경기를 보면 복부 등 상체를 얻어맞은 선수가 그 자리에 고꾸라지거나 그대로 쓰러지는 모습을 보시고 왜 저렇게 고통스러워하며 쓰러지는 걸까, 궁금해 하시는 분들이 계실 겁니다.

가슴과 배에 이르는 상체에는 인간의 중요한 장기들이 모두 모여 있습니다.

이 심장, 간, 폐 등 주요 장기들은 갈비뼈에 의해 보호가 되고 있는데, 이는 외부의 충격으로부터 장기들을 보호하기 위해서입니다.

이렇게 갈비뼈가 장기들을 감싸고 있다고는 하지만, 장기들은 외부의 강한 충격을 받게 되면 그 고통을 내장신경(visceral nerve)을 통해 즉시 뇌로 전달하게 되고, 뇌가 이와 같은 자극을 제대로 통제하지 못하게 되면 심장 등 심혈관계 기관들이 제대로 정상 활동을 하지 못하게 되어 호흡 곤란, 몸에 힘이 쭉 빠지는 현상을 발생시키거나 심지어 실신하는 일도 벌어질 수 있습니다.

왼손 바디샷을 복싱에서는 리버 블로우(Liver blow)라고 부릅니다. 왼손으로 바디샷을 쳤을 때 상대의 오른쪽 갈비뼈 부분에 있는 간을 노릴 수 있기 때문입니다. 간은 외부 충격에 상당히 민감한 장기입니다. 그래서 경험이 많은 킥복싱 선수들은 바디샷, 미들킥, 니킥 등으로 상대의 오른쪽 갈비뼈 부분을 노려 칠 수 있도록 훈련하고 있습니다.

(4) 오른손 바디샷

| 준비 | 오른쪽 어깨와 허리를 뒤로 당겨준다. 이때 오른손 주먹을 어깨 어간까지 내려 준다. | 오른쪽 발목부터 무릎, 엉덩이를 회전시키고 상체를 숙이며 무게 중심을 낮춘다. | 주먹을 허리 어간으로 내린 채 허리, 어깨를 회전시키며 팔을 90° 정도로 굽히고 등주먹이 아래를 보는 상태로 옆구리 정도 높이로 주먹을 아래에서 위로 올려 친다. | 바디샷으로 상대를 타격하는 동시에 손목과 팔을 스냅을 주어 안으로 당겨주며, 주먹을 회수하고 상체를 세우고, 가드를 올려 준비 자세로 돌아온다. |

    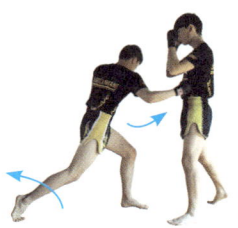 

| 양 선수 준비 | 좌측의 공격자는 바디샷을 치기 위해 왼쪽 어깨와 허리를 뒤로 당겨준다. | 왼발을 앞으로 전진하여, 상대를 타격할 수 있는 거리로 접근한다. | 공격자는 오른쪽 발목부터 무릎, 엉덩이, 허리, 어깨를 회전시키며 주먹으로 상대 옆구리를 향해 날린다. | 가드를 올리며 준비 자세로 돌아와 두 발을 뒤로 빼어 상대와 기본 거리를 유지한다. |

 바디샷을 칠 때의 주먹은 어퍼컷을 칠 때와 마찬가지로 손등이 아래를 향한 상태로 펀치를 칩니다.

물론 경우에 따라 훅처럼 손등이 위를 향한 상태로 상대에게 바디샷을 칠 수도 있습니다.

어퍼컷 스타일의 바디샷

훅처럼 바디샷을 칠 수도 있다.

(3) 어퍼컷에 대한 방어

1) 엘보우 블록(Elbow block)

어퍼컷에 대한 엘보우 블록   바디샷에 대한 엘보우 블록

엘보우 블록은 상대의 어퍼컷이나 바디샷을 막아내는 방어 방법으로 상대의 공격을 몸과 팔꿈치를 틀어 막아냅니다.

바디샷을 방어할 때는 팔꿈치를 몸에 붙이고 몸을 웅크려서 상대 공격으로부터의 충격을 최소화 하도록 해야 합니다.

5. 그 외의 펀치들

(1) 플리커 잽(Flicker jab)

플리커 잽은 잽의 응용 기술로, 복싱 레전드, 토머스 헌즈가 구사해 유명해진 펀치 기술입니다. 그의 기술이 '뱀 혓바닥이 날름거리는 것처럼 잽을 날린다.' 라고 해서 이런 이름이 붙게 되었습니다.

복싱에서는 '크랩 가드'라고 해서 일반적인 기본자세와는 달리 몸을 보다 옆으로 서서 앞손을 내리는 자세로부터 기술이 시작하는 특징이 있습니다.

게다가 플리커 잽은 펀치를 휘두르는 궤도가 아래에서 위로, 혹은 옆으로, 때로는 위에서 아래로……. 이렇게 다양해서 상대가 펀치의 방향을 쉽게 예측하기 힘듭니다.

하지만 플리커 잽은 실전에서 토머스 헌즈 수준의 대가가 아니고서야 강한 위력을 발휘하기 힘든 것이 사실입니다.

그리고 킥복싱에서는 앞손 잽만이 유일한 견제 기술이 아니라 딥 푸시킥처럼 팔보다 더 긴 발을 사용할 수 있기 때문에 플리커 잽의 활용 빈도는 그리 높다 할 수 없습니다.

다만, 킥복싱의 경기 종목 중 "포인트 파이팅"에서는 상대를 먼저 타격했을 때 득점을 얻게 되는 '몸으로 하는 펜싱' 과 같은 경기 특성상 플리커 잽을 사용하는 경우가 많이 있습니다.

1) 정면을 향한 플리커 잽

준비 | 왼쪽 어깨를 앞으로 밀어주며 팔을 스냅을 주어 앞으로 뻗어준다. | 등 주먹으로 상대의 정면, 정수리 등을 타격한다.

양 선수 준비 | 좌측의 공격자가 왼발을 앞으로 전진 하여, 상대를 타격할 수 있는 거리로 접근하며 팔을 앞으로 뻗어준다. | 등 주먹으로 상대의 얼굴 정면, 정수리 등을 타격한다.

2) 측면을 향한 플리커 잽

 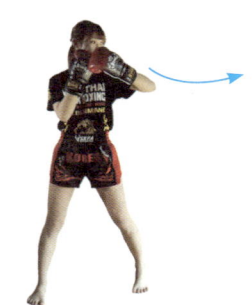 

준비 | 왼손을 당겨오며 몸을 오른쪽으로 틀어준다. | 팔을 바깥쪽으로 휘두르며 등 주먹으로 상대의 측면을 타격한다.

양 선수 준비 | 좌측의 공격자는 왼손을 당겨오며 몸을 오른쪽으로 틀어준다. | 공격자는 왼발을 앞으로 전진해 상대를 타격할 수 있는 거리로 접근하며 팔을 바깥쪽으로 휘둘러 등 주먹으로 상대의 얼굴 측면을 타격한다.

3) 아래에서 위로 올려치는 플리커 잽

준비

왼손을 당겨 아래로 내리고
몸을 오른쪽으로 틀어준다.

팔을 아래에서 위로 휘둘러
등주먹으로 상대의 얼굴 아래
를 타격한다.

양 선수 준비

좌측의 공격자는 왼손을 당
겨 아래로 내리고 몸을 오른
쪽으로 틀어준다.

공격자는 왼발을 앞으로 전진
해 상대를 타격할 수 있는 거
리로 접근하며 팔을 아래에서
위로 휘둘러 등 주먹으로 상
대의 얼굴 아래를 타격한다.

(2) 백스핀 블로우(Back spin blow)

백스핀 블로우는 '뒤돌아 등 주먹 치기'입니다.

스피닝 백 피스트 (Spinning back fist) 라고도 불리며, 태국 무에타이에서는 '맏 위앵 클랍' 이라고 부릅니다.

몸을 뒤로 돌려 팔을 세게 회전시켜 상대를 강타하는 기술로, 변칙적인 펀치 기술 중 하나입니다.
상대의 허점을 노려 큰 타격을 입힐 수도 있지만 너무 큰 동작으로 인해 균형을 잃거나 가드가 무너지며 상대의 반격을 허용할 우려가 많으므로 자주 사용하지 않는 것이 좋습니다.

1) 오른손 백스핀 블로우

준비

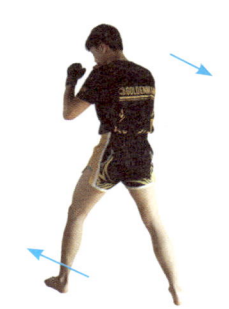

왼발을 오른쪽으로 옮겨 디뎌준다.

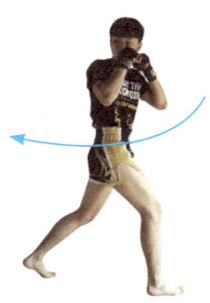

몸을 오른쪽으로 뒤로 돌려 목표를 확인한다.

오른팔을 바깥쪽으로 휘둘러 오른손 등 주먹으로 상대의 얼굴 측면을 타격한다.

양 선수 준비

좌측의 공격자가 왼발을 우 전방으로 전진하며 상대를 타격할 수 있는 거리로 접근한다.

공격자는 몸을 오른쪽 뒤로 돌려 상대를 확인한다.

오른팔을 바깥쪽으로 휘둘러 오른손 등 주먹으로 상대의 얼굴 측면을 타격한다.

2) 왼손 백스핀 블로우

  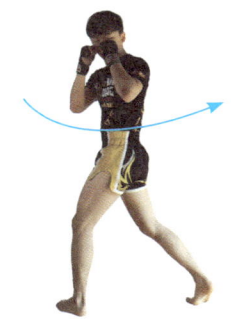 

준비   오른발을 왼쪽 앞으로 옮겨 디뎌준다.   몸을 왼쪽 뒤로 돌려 목표를 확인한다.   왼팔을 바깥쪽으로 휘둘러 왼손 등 주먹으로 상대의 얼굴 측면을 타격한다.

 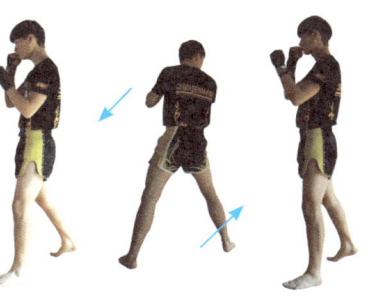 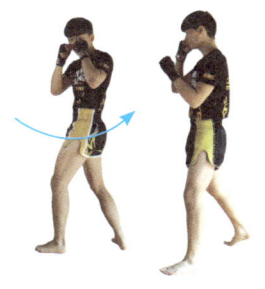 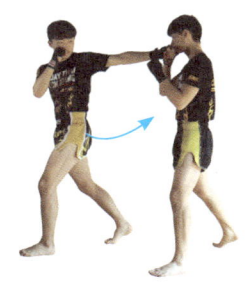

양 선수 준비   좌측의 공격자가 오른발을 좌전방으로 전진하며 상대를 타격할 수 있는 거리로 접근한다.   공격자는 몸을 왼쪽 뒤로 돌려 상대를 확인한다.   왼팔을 바깥쪽으로 휘둘러 왼손 등 주먹으로 상대의 얼굴 측면을 타격한다.

(3) 슈퍼맨 펀치 (Sperman punch)

일반적인 펀치는 양 발을 바닥에 붙인 상태에서 치는 것이 기본입니다.

단, 슈퍼맨 펀치 만은 공중으로 몸을 날린 상태로 펀치를 휘두르는데, 공중에 붕 떠서 주먹을 휘두르는 모습이 영화 슈퍼맨이 하늘을 날 때와 비슷하게 보인다 하여 이와 같은 이름이 붙여졌다 합니다.

사실 슈퍼맨 펀치는 또 다른 펀치 기술이라기보다 상대방을 향해 앞으로 뛰어서 스트레이트나 훅을 날리는 것이라 보면 됩니다.

체중을 실어 강한 힘으로 치기 위해서는 앞손보다는 좀 더 강한 뒷손을 사용하는 것이 일반적입니다.

양 선수 준비

좌측의 공격자는 가볍게 도움닫기를 한 후 상대를 향해 왼발로 도약한다.

허공에서 오른발을 뒤로 차듯 빼며 오른손으로 상대 안면을 강하게 타격한다.

(4) 무에타이의 펀치 방어에 대하여

태국 무에타이 선수들 중에서는 한 손으로 얼굴을 감싸고 다른 한손을 앞으로 뻗으며 방어하는 경우가 있는데, 이는 팔뚝으로 코, 입, 턱을 가려 상대의 펀치로부터 얼굴을 보호하고 앞손으로 상대가 더 이상 접근하지 못하게 견제하는 무에타이 특유의 방어 방법입니다.

이와 같은 방어 방법은 실전에서 상당히 효과를 보여줍니다. 팔뚝 전체로 얼굴을 방어하다보니 기존의 정면 가드, 측면 가드보다 훨씬 견고한 느낌을 받게 되고 앞손으로 상대를 밀어내거나 견제하여 상대가 후속 공

무에타이 선수들의 독특한 펀치 방어 방법

격을 이어가거나 계속 근거리로 들어오지 못하게 막아내는 효과도 볼 수 있습니다.

상대의 펀치 공격 막은 후 딥 푸시킥, 로우킥이나 미들킥으로 반격하거나 상대를 뺨 클린치로 잡아 니킥으로 반격하는 것이 일반적인 무에타이의 패턴입니다.

펀치를 방어 하다보면 정면 가드, 측면 가드로 막아낸다 하더라도 펀치의 충격이 얼굴로 전해져서 힘들어 하는 분들이 계실 겁니다. 그런 분들은 무에타이 스타일의 가드를 연습해 보기를 권해 드립니다.

상대 펀치 공격을 방어하는 모습

6 딥 푸시킥(Push kick)

1. 딥 푸시킥

'딥' 이란 밀어서 차는 발차기, 즉 '푸시킥'을 뜻하는 태국어입니다. 그중에서도 정면을 향한 발기술은 '딥 뜨롱'이라 부르고, 짧게 '딥' 이라고 부르기도 합니다. 이 책에서는 앞으로 밀어 차는 발차기를 '딥' 이라 칭하겠습니다.

딥은 기본적으로 앞차기라고 생각하면 되는데, 일반적인 전통 무술의 앞차기가 발등으로 올려 차는 형태가 많다면 킥복싱의 딥은 발바닥의 앞축(발가락을 위로 들었을 때 발바닥의 제일 앞부분)으로 밀듯이, 혹은 창으로 찌르듯이 내지르며 상대를 공격합니다.

이 과정에서는 딥을 차는 방법과 딥에 대한 방어 방법에 대해 알아보도록 하겠습니다.

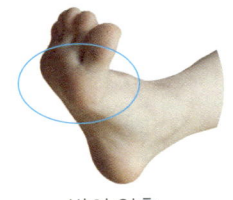

발의 앞축

딥을 연습할 때는 먼저 그림과 같이 엄지발가락을 들어주고 앞축을 만드는 연습을 먼저 해야 합니다.

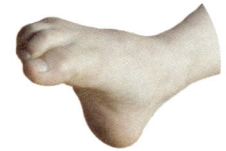

발가락을 편 채로 딥을 찬다면 부상당할 우려가 크다.

위 사진과 같이 발가락을 펴고 샌드백이나 미트를 치다가는 발가락이 꺾이거나 부상당할 수도 있으니 유의해야 합니다.

복부를 향한 딥

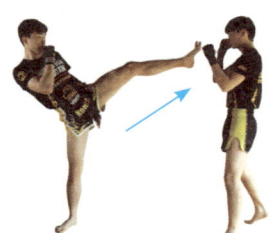

얼굴을 향한 딥

딥은 펀치의 스트레이트처럼 상대의 복부와 얼굴 모두를 공격할 수 있습니다.

단순히 상대를 밀어내는 발기술이 아니라 송곳처럼 날카롭게 상대를 강타해 넉다운 시킬 수도 있는 기술입니다.

(1) 왼발 딥

왼발 딥은 킥복싱에서 왼손 잽과 같은 용도로 쓰입니다.

상대를 견제할 때나 공격 흐름을 끊을 때, 자신이 공격 기세를 이어갈 때 주로 사용됩니다.

실전에서도 오른발보다 왼발 딥을 더 많이 사용하게 되므로 많은 연습이 필요합니다.

준비 　　　　　　오른발을 앞으로 전진 한다.　　　　왼발 무릎 들어 올린다.　　　엉덩이를 밀어주며 발 앞축으로 뻗어 찬다.

  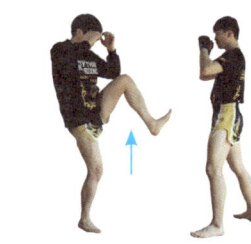 

양 선수 준비　　오른발을 앞으로 전진 하며 상대를 타격할 수 있는 거리로 접근한다.　　왼발 무릎 들어 올린다.　　엉덩이를 밀어주며 상대를 향해 발 앞축으로 뻗어 찬다.

135

(2) 오른발 딥

왼발 딥을 펀치에 비유했을 때 잽이라 한다면 오른발 딥은 크로스 펀치라 할 수 있습니다.
오른발 딥은 상대의 균형을 무너뜨리거나 거리를 벌리기 위해 강하게 밀어 찰 때 많이 사용합니다.

준비   왼발을 앞으로 전진 한다.   오른발 무릎 들어 올린다.   엉덩이를 밀어주며 발 앞축으로 뻗어 찬다.

   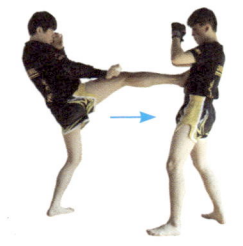

양 선수 준비   왼발을 앞으로 전진 하며 상대를 타격할 수 있는 거리로 접근한다.   오른발 무릎 들어 올린다.   엉덩이를 밀어주며 상대를 향해 발 앞축으로 뻗어 찬다.

딥을 찰 때에는 딥을 차는 발과 같은 손을 균형을 잡아주기 위해 가볍게 내려도 괜찮습니다.
하지만 딥을 차기 위해 양 손 다 가드를 내리는 것은 좋지 않은 자세입니다.
어떤 공격을 하든지, 늘 방어를 생각하며 한 동작, 한 동작을 이어나갈 수 있어야 합니다.

(3) 점핑 딥

점핑 딥은 뛰어서 차는 앞차기로, 차는 발의 반대 발을 들어주었다가 허공에서 발을 바꿔 상대를 공격하는 기술입니다.

점핑 딥은 높은 타점을 공략하기 위해 뛰는 것이 아니라 상대방의 방어 타이밍을 뺏기 위해 뛰어주며, 일반적으로 딥 공격과 혼합해 사용했을 때 실전에서 더욱 효과를 얻을 수 있습니다.

1) 오른발 점핑 딥

준비

왼발로 찰 듯 왼발 무릎 들어 주며 상대를 속인다.

허공에서 발을 바꾸어 오른발 앞축으로 뻗어 찬다.

양 선수 준비

왼발로 찰 듯 왼발 무릎 들어주며 상대를 속인다.

허공에서 발을 바꾸어 상대를 향해 오른발 앞축으로 뻗어 찬다.

2) 왼발 점핑 딥

준비

오른발로 찰 듯 오른발 무릎 들어주며 상대를 속인다.

허공에서 발을 바꾸어 왼발 앞축으로 뻗어 찬다.

양 선수 준비

오른발로 찰 듯 오른발 무릎 들어 주며 상대를 속인다.

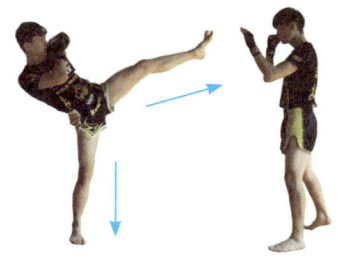

허공에서 발을 바꾸어 상대를 향해 왼발 앞축으로 뻗어 찬다.

(4) 딥에 대한 방어

1) 딥 파링

딥 파링

내 몸 바깥으로 상대방의 딥을
돌려내어 방어한다.

스트레이트에 대한 파링과 마찬가지로 딥에 대해서도 손바닥이나 팔뚝으로 옆으로 쳐내거나 돌려내며 방어할 수 있습니다.

딥을 파링으로 방어하는 요령은 다음과 같습니다.

• 상대방의 딥이 들어오는 순간 오른발을 뒤로 빼며 거리를 확보한다.
• 상대 오른발 딥은, 오른손으로, 내 오른쪽으로 돌려낸다.
• 상대 왼발 딥은, 왼손으로, 내 왼쪽으로 돌려낸다.
• 상대 다리를 원을 그리듯 내 몸 바깥으로 돌려낸다.

물론 방어하는 손이나 돌려내는 방향이 달라져도 큰 문제가 되지는 않습니다.

상대 딥을 돌려낼 때에는 팔뚝으로 쳐내듯 돌려내도 되지만 글러브의 손가락 부분을 이용해 상대의 종아리나 발목 부위를 갈고리처럼 걸어서 돌리게 되면 상대방의 다리를 좀 더 수월하게 컨트롤하며 균형을 무너뜨리거나 넘어뜨릴 수도 있습니다.

2) 딥 캐치

딥 캐치　　　　　　　　두 손으로 상대방 딥을 잡는다.　　　상대를 잡아 던지거나 디딤발을
　　　　　　　　　　　　　　　　　　　　　　　　　　　　　쓸어 찬다.

딥 캐치는 상대방의 딥을 잡아내는 방어 방법입니다.
딥 캐치의 요령은 다음과 같습니다.

- 상대방의 딥이 들어오는 순간 오른발을 뒤로 빼며 거리를 확보한다.
- 오른손으로 상대의 발목 아래를 받쳐 잡고 왼손으로 발목 위를 포개어 잡아낸다.(손이 바뀌어도 무방하다)
- 상대의 다리를 잡아 던져 내거나 디딤발을 쓸어 차며 넘어뜨린다.

딥을 캐치한 이후 던지거나 넘어뜨리려는 동작은 신속하게 이루어져야 합니다.
다리를 잡힌 상대는 재빨리 잡힌 다리를 빼내려 하거나 무릎을 굽혀 클린치를 시도할 것입니다.
킥 캐치로 상대의 딥을 잡은 것이 방어의 끝이 아니라, 확실히 마무리까지 지어야 된다는 사실, 꼭 기억하시기 바랍니다.

2. 사이드킥(Side kick)

사이드킥은 옆차기입니다.
사이드 스러스트(Side thrust)라고도 하며 태국 무에타이에서는 '딥 캉'이라고 부릅니다.

사이드킥은 발바닥, 발 뒤꿈치, 발의 옆날 모두를 사용해 타격할 수 있습니다. 하지만 되도록 뒤꿈치 부위로 타격할 수 있도록 연습하기 바랍니다. 뒤꿈치 부위로 사이드킥을 찼을 때 엉덩이로부터 대퇴부, 정강이, 뒤꿈치로 이어지는 인체에서 가장 두껍고 단단한 뼈에서 나오는 힘을 모두 이용하여 날카로운 공격을 할 수 있기 때문입니다.

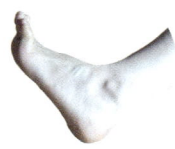

사이드킥은 발바닥, 뒤꿈치, 발 옆날 모두를 사용해 타격할 수 있다

(1) 왼발 사이드킥

준비

오른발을 앞으로 전진한다.

왼발 무릎을 가볍게 굽혔다가 몸을 옆으로 틀어 상대를 향해 뒤꿈치를 쭉 뻗어 찬다.

양 선수 준비

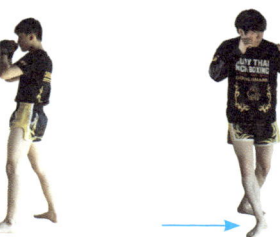

좌측의 공격자가 오른발을 앞으로 전진 하며 상대를 타격할 수 있는 거리로 접근한다.

상대의 상체를 향해 왼발 사이드킥을 날린다. 상대를 타격한 이후 왼발을 디디며 준비 자세로 돌아온다.

(2) 오른발 사이드킥

준비

왼발을 앞으로 전진한다.

오른발 무릎을 가볍게 굽혔다가 몸을 옆으로 틀어 상대를 향해 뒤꿈치를 쭉 뻗어 찬다.

양 선수 준비

좌측의 공격자가 왼발을 앞으로 전진 하며 상대를 타격할 수 있는 거리로 접근한다.

상대의 상체를 향해 오른발 사이드킥을 날린다. 상대를 타격한 이후 오른발을 디디며 준비 자세로 돌아온다.

사이드 킥을 찰 때 디딤발이 굽혀지게 되면 차는 발에 체중을 실어 강하게 타격하기 힘들어지고 타점도 낮아지게 됩니다. 차는 발을 쭉 뻗어 주는 것도 중요하지만, 디딤발 역시 무릎을 펴고 쭉 펴주어 힘을 전달할 수 있도록 연습해야 합니다.

(3) 백스핀 사이드킥(Back spin side kick)

백스핀 사이드킥은 몸을 뒤로 돌려서 발을 옆으로 차는 공격, 즉 '뒤돌아 옆차기'입니다. 태권도나 공수도의 기술과 매우 유사합니다.

태국 무에타이에서는 '딥 단 랑', '딥 클랍 랑' 이라 부르기도 합니다.

백스핀 사이드킥 역시 발바닥, 뒤꿈치, 발 옆날을 이용해 상대를 타격할 수 있습니다.

1) 오른발 백스핀 사이드킥

준비

왼발을 오른쪽으로 옮겨 디뎌준다.

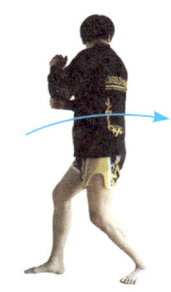

몸을 오른쪽 뒤로 돌려 목표를 확인한다.

오른발 무릎을 가볍게 굽혔다가 몸을 옆으로 틀어 상대를 향해 뒤꿈치를 쭉 뻗어 찬다.

양 선수 준비

좌측의 공격자가 왼발을 앞으로 전진 하며 상대를 타격할 수 있는 거리로 접근한다.

공격자는 몸을 오른쪽 뒤로 돌려 목표를 확인한다.

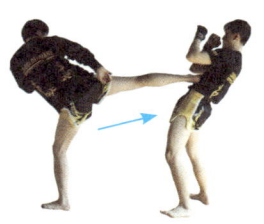

상대의 상체를 향해 오른발 백스핀 사이드킥을 날린다. 상대를 타격한 이후 오른발을 디디며 준비 자세로 돌아온다.

1) 왼발 백스핀 사이드킥

준비 | 오른쪽을 좌전방으로 옮겨 디뎌준다. | 몸을 왼쪽 뒤로 돌려 목표를 확인한다. | 왼발 무릎을 가볍게 굽혔다가 몸을 옆으로 틀어 상대를 향해 뒤꿈치를 쭉 뻗어 찬다.

양 선수 준비 | 좌측의 공격자가 오른발을 좌전방으로 전진하며 상대를 타격할 수 있는 거리로 접근한다. | 공격자는 몸을 왼쪽 뒤로 돌려 목표를 확인한다. | 상대의 상체를 향해 오른발 백스핀 사이드킥을 날린다. 상대를 타격한 이후 왼발을 디디며 준비 자세로 돌아온다.

(4) 사이드킥에 대한 방어

1) 사이드 스텝

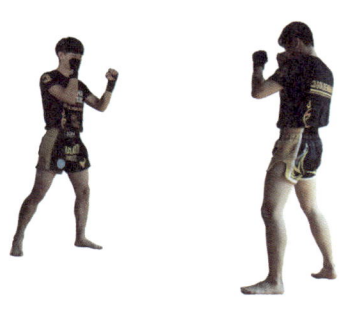

양 선수 준비

사이드킥을 측면 사이드 스텝으로 피한다.

　사이드 킥이나 백스핀 사이드 킥, 심지어 딥은 한 점의 목표를 향해 일직선으로 날아오는 공격입니다.

　이와 같은 경우는 상대의 공격 궤도를 조금만 벗어나도 쉽게 피할 수 있게 되는데요, 단, 다리를 이용한 기술은 그 공격 범위가 상당히 넓기 때문에 뒤로 피하기 보다는 좌측이나 우측으로 사이드 스텝으로 피하도록 합니다.

3. 오블리 킥 (oblique kick)

뒤꿈치로 상대의 무릎 관절과 허벅지 상부를 노려 찬다.

오블리 킥은 발뒤꿈치나 발 옆날을 이용해 상대방의 허벅지나 무릎 관절을 공격하는 기술입니다.

태국 무에타이 에서는 이를 '딥 돈 쏜'이라고 부릅니다.

오블리킥은 상대 허벅지나 무릎 관절을 위에서 아래로 찍듯이 밀어 차 타격을 입히거나, 상대가 킥을 하는 순간 디딤발의 중심을 무너뜨리는 목적으로 사용합니다.

최근 종합 격투기 대회 UFC에서도 존 존스 선수가 이 기술을 사용해 화제가 된 바 있습니다.

오블리 킥을 찰 때는 딥을 찰 때와 마찬가지로 몸을 정면으로 둔 상태에서 차는 방법과 사이드 킥을 찰 때처럼 몸을 옆으로 틀어준 상태에서 차는 방법 두 가지가 있습니다.

무릎 관절은 외부 충격으로부터 의외로 잘 버티지 못하는 경우가 많은데, 오블리 킥은 실전에서 상대의 무릎 관절에 큰 부상을 입힐 수도 있는 기술입니다.

오블리 킥을 파트너와 함께 연습할 때는 반드시 서로 힘을 조절하여 주의해서 수련해야 합니다.

(1) 정면에서의 오블리 킥

양 선수 준비

좌측의 공격자가 오른발을 앞으로 전진 하며 상대를 타격할 수 있는 거리로 접근한다.

왼발 무릎을 가볍게 굽혔다가 상대방의 무릎 관절을 향해 뒤꿈치를 위에서 아래로 내려 찍는다.

양 선수 준비

좌측의 공격자가 왼발을 앞으로 전진 하며 상대를 타격할 수 있는 거리로 접근한다.

오른발 무릎을 가볍게 굽혔다가 상대방의 무릎 관절을 향해 뒤꿈치를 위에서 아래로 내려찍는다.

(2) 사이드 킥 형태의 오블리 킥

양 선수 준비

좌측의 공격자가 오른발을 앞으로 전진 하며 상대를 타격할 수 있는 거리로 접근한다.

몸을 옆으로 튼 상태로 왼발 무릎을 가볍게 굽혔다가 상대방의 무릎 관절을 향해 뒤꿈치를 위에서 아래로 내려찍는다.

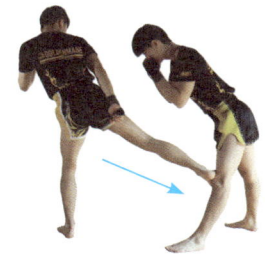

양 선수 준비

좌측의 공격자가 왼발을 앞으로 전진 하며 상대를 타격할 수 있는 거리로 접근한다.

몸을 옆으로 튼 상태로 오른발 무릎을 가볍게 굽혔다가 상대방의 무릎 관절을 향해 뒤꿈치를 위에서 아래로 내려찍는다.

(3) 오블리 킥에 대한 방어

1) 원 스텝 백(One step back)

양 선수 준비

왼발을 뒤로 빼어 오블리 킥을 피한다.

허리 아래에서 부지불식간에 날아드는 오블리 킥을 막기란 여간 어려운 것이 아닐 것입니다.

오블리 킥을 방어할 때는 상대의 킥을 구지 막으려 하기 보다는 상대의 공격 타이밍에 오블리킥의 주된 타겟이 되는 자신의 왼발을 순간 뒤로 빼주며 공격을 회피하는 것이 좋습니다.

이 때 왼발을 뒤로 빼고 자세를 바꾸다가 균형을 잃게 되거나 스텝이 꼬이게 되면 상대의 후속 공격에 당할 수 있으니, 빠르게 기본자세로 돌아갈 수 있도록 해야 합니다.

7 킥 (Kick, Round house kick)

1. 미들킥 (Middle kick, Body kick)

킥복싱의 여러 기술 들 중 킥복싱을 대표하는 기술을 한 가지만 꼽으라 한다면 단연 '킥'이라 할 수 있습니다.

킥은 말 그대로 발차기입니다.

킥복싱의 발차기는 몸을 돌려서 차는 것을 기본으로 하는데, 그래서 이와 같은 킥을 영어로는 라운드 하우스 킥(Round house kick) 이라고 합니다.

우리 식으로 말하면 '돌려차기' 가 되겠습니다.

보통 중간 정도 높이로 발을 찬다고 해서 '미들킥' 이라고도 하고, 상체를 타격한다고 해서 '바디킥' 이라 부르기도 합니다.

태국 무에타이에서는 '때' 라고 하는데 '때'는 태국어로 '발로 차다'라는 뜻입니다.

오른발차기는 '때 콰', 왼발차기는 '때 싸이' 라고 부릅니다.

보통 미들킥은 '떼람뚜와'라고 부르고, 발을 휘두르는 방향과 각도에 따라 발을 수평으로 휘둘러 차는 발차기를 '때 위앵', 발을 대각선으로 올려치는 발차기를 '때 치앵'이라 부르기도 합니다.

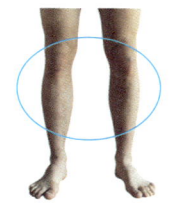

킥복싱의 킥은 정강이로 타격한다

대게 태권도 등 전통 무술의 발차기가 발등 부위로 '차고 접어주는' 형태로 타격한다면, 킥복싱은 발목 위에서부터 무릎 아래의 정강이 부위로 마치 야구에서 타자가 방망이를 휘두르듯 발과 전신을 휘둘러 목표를 타격하는 특징을 가지고 있습니다.

(1) 오른발 미들킥

상대방의 왼쪽 옆구리, 갈비뼈 등을 노리는 오른발 미들킥은 킥복싱의 가장 강력한 기술 중 하나입니다.

실전에서 상대에게 큰 타격을 줄 수 있는 가장 중요한 공격으로 활용될 기술이니만큼, 많은 연습을 필요로 합니다.

| 준비 | 왼발을 앞으로 이동하며 왼쪽 발목을 바깥쪽으로 틀어준다. 이 때 왼발 뒤꿈치를 살짝 들어주고 오른손을 앞으로 들어준다. | 오른손을 등 뒤로 젖히고 왼쪽 발목, 무릎, 상체를 왼쪽으로 원을 그리듯 회전시키며 오른발 무릎을 가볍게 굽혔다가 펴면서 오른발 정강이를 목표를 향해 휘두른다. 이 때 왼손은 얼굴 앞에 두고 안면을 보호한다. 목표를 타격한 후 오른발을 디디고 준비 자세로 돌아온다. |

| 양 선수 준비 | 좌측의 공격자가 왼발을 앞으로 이동하며 상대를 타격할 수 있는 거리로 접근한다. | 오른손을 등 뒤로 젖히며 몸 전체를 회전시켜 오른발 정강이로 상대를 타격한다. 상대를 타격한 후 오른발을 디디고 준비 자세로 돌아와 두 발을 뒤로 빼어 기본 거리를 유지 한다. |

(2) 왼발 미들킥

왼발 미들킥은 상대의 오른쪽 갈비뼈 부근의 간이나 옆구리를 노리는 기술로, 오서독스의 상대를 만났을 때 오른팔을 봉쇄할 목적으로 사용하기도 합니다.

목표와의 거리에 따라 그 자리에서 발을 바꾸어 킥을 구사할 수도 있고, 오른발을 앞으로 전진 하며 킥을 구사할 수도 있습니다.

준비

양 발의 위치를 바꾸어준다.(이를 '스위치 switch' 라고 한다. 상대방과의 거리에 따라 오른발이 앞으로 전진 할 수도 있다.) 오른쪽 발목을 바깥쪽으로 틀어준다. 이 때 오른발 뒤꿈치를 살짝 들어주고 왼손을 앞으로 들어준다.

왼손을 등 뒤로 젖히고 오른쪽 발목, 무릎, 상체를 오른쪽으로 원을 그리듯 회전시키며 왼발 무릎을 가볍게 굽혔다가 펴면서 왼발 정강이를 목표를 향해 휘두른다. 이 때 오른손은 얼굴 앞에 두고 안면을 보호한다. 목표를 타격한 후 왼발을 디디고 준비 자세로 돌아온다.

양 선수 준비

좌측의 공격자가 양발의 위치를 바꾸며 왼발을 타격할 준비를 한다. 상대방과의 거리가 먼 경우 오른발을 앞으로 이동하며 상대를 타격할 수 있는 거리로 접근한다.

왼손을 등 뒤로 젖히며 몸 전체를 회전시켜 왼발 정강이로 상대를 타격한다. 상대를 타격한 후 왼발을 디디고 준비 자세로 돌아와 두 발을 뒤로 빼어 기본 거리를 유지한다.

킥을 할 때 유의 사항은 다음과 같습니다.

킥은 다리 힘만으로 차는 것이 아니라 전신의 힘을 모두 활용할 수 있어야 합니다. 하지만 사진에서 보는바와 같이 상체와 엉덩이와 허리가 회전하지 하지 않고 킥을 구사하게 되면 앞차기처럼 다리만 들어 올려지게 됩니다.

허리를 돌리지 않고 다리의 힘으로만 킥을 차고 있다.

이와 같은 잘못된 습관은 쉐도우 파이팅 등을 통해 확실히 몸을 회전하며 킥을 찰 수 있도록 고쳐야 합니다.

디딤발 발목을 회전해 주지 않고 바닥에 발바닥을 붙인 채로 킥을 차게 되면 마치 축구나 족구를 할 때 발로 공을 차는 모양새처럼 어정쩡한 자세가 되어 버립니다.

디딤발 발목이 회전하지 않았다.

킥을 할 때는 먼저 디딤발 뒤꿈치를 들어주고 발목을 바깥쪽으로 틀어 자연스럽게 회전이 이루어지도록 해야 합니다.

(3) 점핑 킥 (Jumping kick)

미들킥을 좀 더 체중을 실어 강하게 차기 위해 몸을 뛰어 점핑 킥을 구사할 수도 있습니다.

점핑 킥을 차는 요령은 다음과 같습니다. 이 책에서는 오른발에 대한 점핑킥만을 설명하고 있습니다. 왼발에 의한 점핑킥은 좌, 우를 바꾸어 이해하시면 됩니다.

1) 왼발로 점프를 해서 오른발로 차는 경우 (디딤발과 차는 발이 다른 경우)

준비

왼발을 앞으로 디디며 무릎을 가볍게 굽혔다가

왼발 무릎을 피는 힘으로 그 자리에서 뛰어 올라 오른발로 목표를 타격한다.

 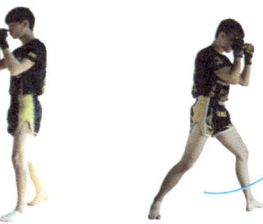 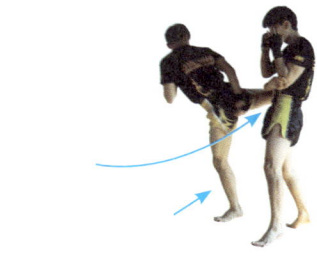

양 선수가 기본 거리 보다 멀리 떨어져 있을 경우

좌측의 공격자가 왼발을 앞으로 디디고 무릎을 가볍게 굽혀 도약 준비를 한다.

공격자는 왼발로 앞으로 뛰어 오른발로 상대를 타격한다. 상대를 타격한 후 발을 디디고 준비 자세로 돌아와 두 발을 뒤로 빼어 기본 거리를 유지 한다.

2) 왼발을 살짝 들었다가 허공에서 발을 바꾸어 오른발로 차는 경우 (디딤발과 차는 발이 같은 경우)

준비

왼발로 찰 듯 무릎을 들어올린다.

허공에서 발을 바꾸어 오른발로 목표를 타격한다.

  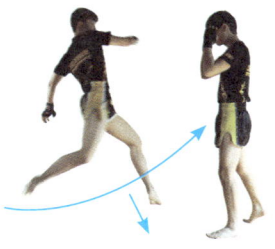 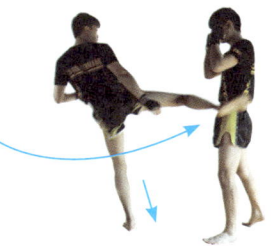

양 선수 준비

좌측의 공격자가 왼발 무릎을 들어 올리며 마치 왼발로 찰 듯 페이크를 준다.

상대가 왼발 공격에 대응하려는 찰나, 상대방의 타이밍을 뺏어 내며 허공에서 양 발을 바꾸며 앞으로 도약하여

오른발로 상대를 타격한다. 상대를 타격한 후 발을 디디고 준비 자세로 돌아와 두 발을 뒤로 빼어 기본 거리를 유지 한다. 태권도의 나래차기와 유사한 기술이다.

(4) 미들킥에 대한 방어

1) 킥 가드

킥 가드는 상대의 킥을 팔뚝으로 막아내는 방어 방법입니다.
양 팔의 팔뚝으로 방어할 수도 있고, 팔굽과 손바닥으로 방어할 수도 있습니다.
이 때 킥을 킥이 날아오는 반대 방향으로 사이드 스텝을 하며 킥 가드로 방어하게 되면, 킥을 막을 때 조금이라도 더 충격을 줄이며 방어할 수 있게 됩니다.

킥 가드

미들킥에 대한 킥 가드

2) 욕카방

욕카방은 무에타이의 전형적인 킥 방어 방식으로 태국말로 '정강이 방어'란 뜻입니다.
상대의 킥 타이밍에 무릎을 높게 들어 정강이와 팔뚝으로 상대 킥을 막아냅니다.
욕카방을 하기 위해 무릎을 들어 올릴 때 팔꿈치를 무릎 바깥쪽에 붙여주어 상대 킥이 뚫고 들어오지 못하게 해야 합니다.

욕카방

상대 미들킥에 대한 욕카방

3) 킥 파링

킥 파링은 상대의 킥을 가드로 방어한 후 다리를 돌려 던지는 방어 기술입니다.
이때도 마찬가지로 킥이 날아오는 반대 방향으로 사이드 스텝을 하며 방어할 때의 충격을 줄이도록 합니다.

양 선수 준비

상대 미들킥에 반응 하며 사이드 스텝으로 피하고

킥 가드로 막아낸 후

뒤로 한 발을 빼며 상대방의 킥을 돌려 던진다. 오른발은 오른쪽으로, 왼발은 왼쪽으로 돌려 던져낸다.

4) 킥 캐치

킥 캐치는 상대의 킥을 가드로 방어한 후 팔꿈치와 겨드랑이로 다리를 잡는 방어 기술입니다.
이때도 마찬가지로 킥이 날아오는 반대 방향으로 사이드 스텝을 하며 방어시의 충격을 줄이도록 합니다.
상대의 킥을 잡은 후에는 풋 스윕으로 넘어뜨리거나 펀치 등으로 타격하도록 합니다.

양 선수 준비

상대 미들킥에 반응 하며 사이드 스텝으로 피하고

킥 가드로 막아낸 후

상대 발목, 종아리를 팔꿈치와 겨드랑이로 꽉 조이며 잡는다.

"킥 캐치를 한 장면을 확대한 모습"

2. 로우킥(Low kick, Leg kick)

로우킥은 상대의 허벅지를 향한 킥입니다.

다른 표현으로는 다리를 차는 기술이라 해서 '레그 킥'이라고도 하고, 태국 무에타이에서는 '때 카'라고 부릅니다.

미들킥과 차는 방법은 같으나 디딤발을 굽혀주며 다리를 낮게 휘둘러 줍니다.

로우킥은 화려하거나 멋있는 기술은 아닙니다.

하지만 다른 킥 기술들에 비해 상당히 쉬우면서도 실전에서 굉장한 위력을 내는 실용적인 기술입니다.

로우킥의 주된 타겟, 허벅지

로우킥으로 허벅지를 맞을 경우 움직이는 것은 물론 서있는 것조차 힘들어질 정도로 통증이 오고 경기 중 회복도 안 되기 때문에, 전략적으로 효용 가치가 높은 기술이라 할 수 있습니다.

킥복싱에서 허벅지는 정면과 측면은 물론 후면까지도 타격이 가능합니다.

로우킥을 허벅지가 아니라 더 낮게 상대 발목 부근을 쓸어 찬다면 이를 '풋 스윕', 태국 무에타이에서는 '때 타드'라고 부르는 기술이 됩니다.

(1) 오른발 로우킥

준비

왼발을 앞으로 이동한다. 이 때 왼쪽 발목을 바깥쪽으로 틀어주고 무릎은 굽힌 상태로 오른손을 앞으로 들어준다.

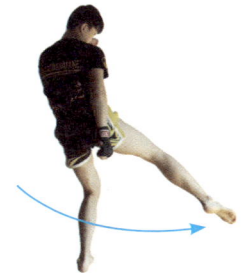

오른손을 등 뒤로 젖히고 오른쪽 엉덩이와 허리를 회전시키며 오른발 무릎을 가볍게 굽혔다가 펴면서 오른발 정강이를 목표를 향해 휘두른다. 이 때 왼손은 얼굴 앞에 두고 안면을 보호한다. 목표를 타격한 후 오른발을 디디고 준비 자세로 돌아온다.

  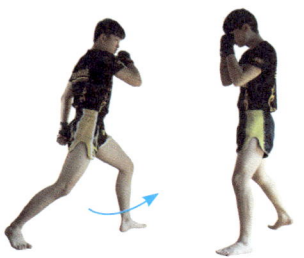 

양 선수 준비

좌측의 공격자가 왼발을 앞으로 이동하며 상대를 타격할 수 있는 거리로 접근한다. 이 때 상대방의 정면보다는 좌전방 대각선, 상대의 오른쪽 어깨 바깥으로 빠져나간다는 느낌으로 이동한다.

상대의 왼쪽 허벅지 바깥쪽을 향해 로우킥을 날린다. 목표를 타격한 후 오른발을 디디고 준비 자세로 돌아와 두 발을 뒤로 빼어 기본 거리를 유지 한다.

(2) 왼발 로우킥

 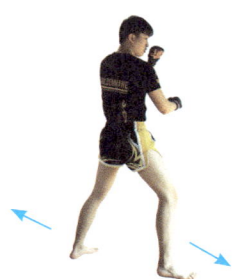 

준비

양 발의 위치를 바꾸어준다. 목표와의 거리에 먼 경우 오른발이 앞으로 이동한다. 이 때 오른쪽 발목을 바깥쪽으로 틀어주고 무릎은 굽힌 상태로 왼손을 앞으로 들어준다.

왼손을 등 뒤로 젖히고 왼쪽 엉덩이와 허리를 회전시키며 왼발 무릎을 가볍게 굽혔다가 펴면서 왼발 정강이를 목표를 향해 휘두른다. 이 때 오른손은 얼굴 앞에 두고 안면을 보호한다. 목표를 타격한 후 왼발을 디디고 준비 자세로 돌아온다.

  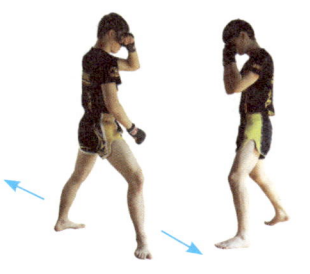

| 양 선수 준비 | 좌측의 공격자가 양발의 위치를 바꾸며 왼발을 타격할 준비를 한다. 상대방과의 거리가 먼 경우 오른발을 앞으로 이동하며 상대를 타격할 수 있는 거리로 접근한다. 이 때 상대방의 정면보다는 우전방 대각선, 상대의 왼쪽 어깨 바깥으로 빠져나간다는 느낌으로 이동한다. | 상대의 왼쪽 허벅지 안쪽을 향해 로우킥을 날린다. (오른발 허벅지 바깥쪽을 향해 로우킥을 찰 수도 있다. 이 때에는 좀 더 상대에게 접근해야 한다.) 목표를 타격한 후 왼발을 디디고 준비 자세로 돌아와 두 발을 뒤로 빼어 기본 거리를 유지 한다. |

(3) 로우킥에 대한 방어

1) 원 스탭 백, 백스텝(one step back, back step)

상대의 로우킥 공격에 발을 뒤로 빼며 피하는 방법입니다.
두 발 다 뒤로 빠지며 피할 수도 있고, 주된 타겟이 되는 왼발만 뒤로 빼며 피할 수도 있습니다.

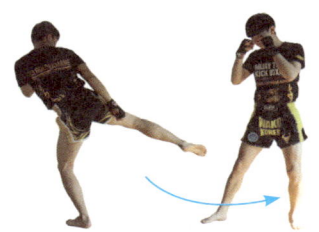

상대가 로우킥을 차는 순간 발을 뒤로 빼며 피한다.

2) 욕카방

로우킥도 미들킥처럼 욕카방, 정강이 방어를 통해 막아낼 수 있습니다.
욕카방으로 막을 때에는 다리의 바깥쪽이 아니라 안쪽의 정강이뼈로 막아낼 수 있어야 합니다.
다리 바깥쪽으로 막게 되면 뼈가 아니라 살과 근육으로 상대의 공격과 부딪히게 되어 '막는 것' 이 아니라 '맞는 것' 이 되어버립니다.
정강이뼈로 상대의 로우킥을 방어하게 되면 공격하는 쪽이 오히려 더 큰 충격 받게 되고, 심지어 공격하는 상대의 다리뼈가 금이 가거나 골절될 수도 있습니다.

오른발 로우킥을 왼발 욕카방으로 막는다.

왼발 로우킥을 오른발 욕카방으로 막을 수도 있고,

왼발 욕카방으로 막을 수 있다.

3. 하이킥(High kick, Hed kick)

하이킥은 상대의 머리를 향해 높게 차는 킥을 뜻합니다.
머리를 노린다 하여 '헤드 킥'이라 부르기도 하고, 태국 무에타이에서는 '때 코'라고 부릅니다.
하이킥을 차는 방법은 미들킥과 같고, 그보다 더 다리를 올려 높게 차는 기술이라 보면 됩니다.
킥복싱의 킥은 정강이로 차는 것을 기본으로 하지만 킥을 높게 올려 차야 하기에 꼭 정강이로 차지 않고 발목이나 발등으로 차도 무방합니다.
하이킥을 찰 때에는 상대의 얼굴이나 머리를 공격해도 좋으나, 상대의 턱이나 관자놀이, 목을 타격할 때 상대를 한 방에 다운시킬 수 있습니다.

(1) 오른발 하이킥

준비

왼발을 앞으로 이동하며 왼쪽 발목을 바깥쪽으로 틀어준다. 이 때 왼발 뒤꿈치를 살짝 들어주고 오른손을 앞으로 들어준다.

오른손을 등 뒤로 젖히고 왼쪽 발목, 무릎, 상체를 왼쪽으로 원을 그리듯 회전시키며 오른발 무릎을 가볍게 굽혔다가 펴면서 오른발을 위로 높게 휘두른다. 이 때 왼손은 얼굴 앞에 두고 안면을 보호한다. 목표를 타격한 후 오른발을 디디고 준비 자세로 돌아온다.

양 선수 준비

좌측의 공격자가 왼발을 앞으로 이동하며 상대를 타격할 수 있는 거리로 접근한다.

오른손을 등 뒤로 젖히며 몸 전체를 회전시켜 오른발을 높게 차올려 상대의 머리를 타격한다. 상대를 타격한 후 오른발을 디디고 준비 자세로 돌아와 두 발을 뒤로 빼어 기본 거리를 유지 한다.

(2) 왼발 하이킥

준비

양 발의 위치를 바꾸어준다. 상대방과의 거리가 먼 경우 오른발이 앞으로 전진 한다. 오른쪽 발목을 바깥쪽으로 틀어준다. 이 때 오른발 뒤꿈치를 살짝 들어주고 왼손을 앞으로 들어준다.

왼손을 등 뒤로 젖히고 오른쪽 발목, 무릎, 상체를 오른쪽으로 원을 그리듯 회전시키며 왼발 무릎을 가볍게 굽혔다가 펴면서 왼발을 위로 높게 휘두른다. 이 때 오른손은 얼굴 앞에 두고 안면을 보호한다. 목표를 타격한 후 왼발을 디디고 준비 자세로 돌아온다.

양 선수 준비

우측의 공격자가 양발의 위치를 바꾸며 왼발을 타격할 준비를 한다. 상대방과의 거리가 먼 경우 오른발을 앞으로 이동하며 상대를 타격할 수 있는 거리로 접근한다.

왼손을 등 뒤로 젖히며 몸 전체를 회전시켜 왼발을 높게 차올려 상대의 머리를 타격한다. 상대를 타격한 후 왼발을 디디고 준비 자세로 돌아와 두 발을 뒤로 빼어 기본 거리를 유지 한다.

(3) 하이킥에 대한 방어

1) 킥 가드

하이킥이 날아올 때 기본적인 방어 방법은 미들킥과 마찬가지로 킥 가드입니다.

이 때 한 팔로 막지 말고 반드시 두 팔로 막아내도록 합니다.

킥 가드   하이킥에 대한 킥 가드

2) 린백 (Lean back)

하이킥처럼 동작이 큰 기술은 조금만 움직여도 금방 피할 수 있는 경우가 많습니다.

상대가 하이킥을 하는 순간 허리를 뒤로 젖히는 린백은 가장 쉽고 안전한 방어 방법이 될 것입니다.

혹시 허리를 린백을 해도 상대 하이킥을 피하지 못할까봐 걱정이 된다면 오른발을 뒤로 빼주며 허리를 젖혀주면 좀 더 안전하게 상대의 공격을 피할 있게 됩니다.

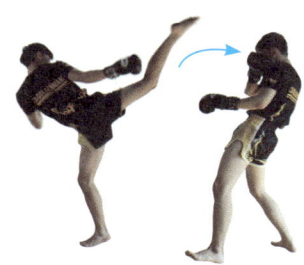

하이킥에 대한 린백

8 엘보우(Elbow attack)

　엘보우는 팔꿈치로 상대를 타격하는 기술을 뜻합니다. 팔꿈치로 공격할 때 이용하는 부분을 '팔굽'이라 합니다.

　팔굽으로 상대의 안면을 타격할 경우 피부가 찢어지고 출혈이 발생하기 쉬운데, 이는 단단한 두개골을 덮고 있는 얇은 얼굴 피부에 딱딱하고 날카로운 팔굽이 날아와 강하게 부딪히게 되니 마치 돌 위에 얇은 송판을 두고 망치로 내려찍으면 송판이 쉽게 부서지게 되는 것과 같은 이치입니다.

　킥복싱 경기에서 팔굽 기술을 사용할 수 있도록 허용하는 단체나 대회는 상당히 적은 편입니다.

　이 책에서는 기본적인 팔굽 기술들에 대해 간단히 설명하도록 하겠습니다.

1. 로테이팅 엘보우 (Rotating Elbow)

상대의 이마, 관자놀이, 눈썹 위, 코, 광대뼈, 턱을 위에서 아래로 사선으로 내려 찍는다.

　로테이팅 엘보우는 팔굽을 어깨 위로 들어 대각선으로 위에서 아래로 내려찍는 기술로, 태국 무에타이에서는 '쏙 티', '판 쏙' 이라고 부릅니다.

(1) 왼손 로테이팅 엘보우

양 선수 준비

좌측의 공격자는 왼발을 앞으로 이동하며 상대를 타격할 수 있는 거리로 접근하고, 왼쪽 팔굽을 어깨 위로 들어 올리고 손등은 몸을 향하게 한다.

공격자는 왼쪽 발목, 엉덩이, 허리, 어깨를 회전시키며 상대의 얼굴을 향해 왼쪽 팔굽을 위에서 아래로 사선으로 내려찍는다.

(2) 오른손 로테이팅 엘보우

양 선수 준비

좌측의 공격자는 왼발을 앞으로 이동하며 상대를 타격할 수 있는 거리로 접근하고, 오른쪽 팔굽을 어깨 위로 들어 올리고 손등은 몸을 향하게 한다.

공격자는 오른쪽 발목, 엉덩이, 허리, 어깨를 회전시키며 상대의 얼굴을 향해 오른쪽 팔굽을 위에서 아래로 사선으로 내려 찍는다.

2. 엘보우 훅(Elbow hook)

엘보우 훅은 팔굽을 수평으로 돌려 치는 기술로, 태국 무에타이에서는 '쏙 타드' 라고 부릅니다.

상대의 이마, 관자놀이, 눈썹 위, 코, 광대뼈, 턱을 수평으로 돌려 친다.

(1) 왼손 엘보우 훅

양 선수 준비

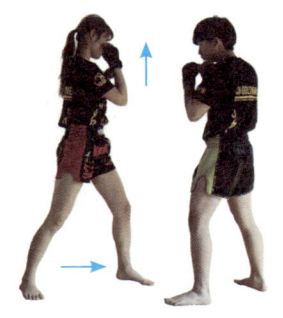

좌측의 공격자는 왼발을 앞으로 이동하며 상대를 타격할 수 있는 거리로 접근하고, 왼쪽 팔꿈을 수평으로 들어 올린다.

공격자는 왼쪽 발목, 엉덩이, 허리, 어깨를 회전시키며 상대의 얼굴을 향해 왼쪽 팔꿈을 왼쪽에서 오른쪽으로 횡으로 돌려 친다.

(2) 오른손 엘보우 훅

양 선수 준비

좌측의 공격자는 왼발을 앞으로 이동하며 상대를 타격할 수 있는 거리로 접근하고, 오른쪽 팔꿈을 수평으로 들어 올린다.

공격자는 오른쪽 발목, 엉덩이, 허리, 어깨를 회전시키며 상대의 얼굴을 향해 오른쪽 팔꿈을 오른쪽에서 왼쪽으로 횡으로 돌려 친다.

3. 엘보우 어퍼컷(Elbow upper cut)

　　엘보우 어퍼컷을 팔굽을 아래에서 위로 올려치는 기술로, 태국 무에타이에서는 '쏙 느갓' 이라 부릅니다.

상대의 턱, 얼굴 아랫 부분, 눈썹, 이마 등을 아래에서 위로 올려 친다.

(1) 왼손 엘보우 어퍼컷

양 선수 준비

좌측의 공격자는 준비 자세를 유지한 채 왼발을 앞으로 이동하며 상대를 타격할 수 있는 거리로 접근한다.

공격자는 왼쪽 발목, 엉덩이, 허리, 어깨를 회전시키며 상대의 가드 사이로 왼쪽 팔굽을 아래에서 위로 친다.

(2) 오른손 엘보우 어퍼컷

양 선수 준비

좌측의 공격자는 준비 자세를 유지한 채 왼발을 앞으로 이동하며 상대를 타격할 수 있는 거리로 접근한다.

공격자는 오른쪽 발목, 엉덩이, 허리, 어깨를 회전시키며 상대의 가드 사이로 오른쪽 팔굽을 아래에서 위로 친다.

4. 스피어 엘보우(Spear elbow)

스피어 엘보우는 팔굽을 들어 올려 정면으로 찌르는 기술로, 태국 무에타이에서는 '쏙 풍'이라고 부릅니다.

상대 얼굴 정면을 찌를 수 있고,

상대 쇄골 등 상체 부위를 찌를 수도 있다.

(1) 왼손 스피어 엘보우

양 선수 준비

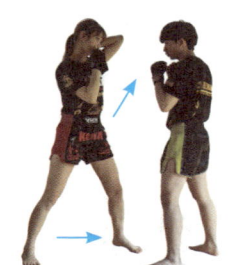

좌측의 공격자는 왼쪽 팔굽을 위로 높게 들고 왼발을 앞으로 이동하며 상대를 타격할 수 있는 거리로 접근한다.

공격자는 왼쪽 발목, 엉덩이, 허리, 어깨를 회전시키며 상대 얼굴을 향해 왼쪽 팔굽을 앞으로 찌른다.

(2) 오른손 스피어 엘보우

양 선수 준비 | 좌측의 공격자는 오른쪽 팔굽을 위로 높게 들고 왼발을 앞으로 이동하며 상대를 타격할 수 있는 거리로 접근한다. | 공격자는 오른쪽 발목, 엉덩이, 허리, 어깨를 회전시키며 상대 얼굴을 향해 오른쪽 팔굽을 앞으로 찌른다.

5. 점핑 엘보우(Jumping Elbow)

점핑 엘보우는 그 자리에서 뛰어 올라 팔굽을 높게 들어 올려 위에 아래로 내려치는 기술로, 태국 무에타이에서는 '쏙 통'이라고 부릅니다.

> 되도록 높게 뛰어 올라 상대의 정수리나 얼굴 정면, 어깨, 쇄골들을 위에서 아래로 내려친다.

(1) 왼손 점핑 엘보우

 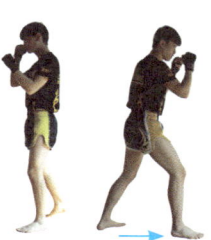  

양 선수 준비 | 좌측의 공격자는 오른발을 앞으로 이동하며 도약할 준비를 한다. | 공격자는 왼쪽 팔굽을 높게 들고 오른발로 상대를 향해 뛰어 오른다. | 공격자는 왼쪽 팔굽으로 상대의 머리를 위에서 아래로 내려친다.

(2) 오른손 스피어 엘보우

   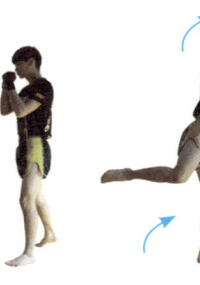 

양 선수 준비   좌측의 공격자는 왼발을 앞으로 이동하며 도약할 준비를 한다.   공격자는 오른쪽 팔굽을 높게 들고 왼발로 상대를 향해 뛰어 오른다.   공격자는 오른쪽 팔굽으로 상대의 머리를 위에서 아래로 내려친다.

6. 리버스 엘보우(Reverse elbow)

리버스 엘보우는 몸을 옆으로 틀어 팔굽 바깥쪽으로 아래에서 위로 올려치는 기술로, 태국 무에타이에서는 '쏙 위앵' 이라 부릅니다.

상대의 관자놀이, 코, 광대뼈, 턱 등 얼굴 측면을 공격할 수 있고   턱을 아래에서 위로 올려칠 수도 있다.

(1) 왼손 리버스 엘보우

양 선수 준비

좌측의 공격자는 왼손을 내리고 몸을 왼쪽으로 돌린 채 왼발을 앞으로 이동하며 상대를 타격할 수 있는 거리로 접근한다.

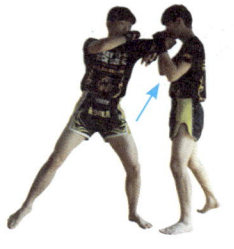

공격자는 왼쪽 팔꿉을 상대의 얼굴을 향해 아래에서 위로 사선으로 올려친다.

(2) 오른손 리버스 엘보우

양 선수 준비

우측의 공격자는 오른손을 내리고 몸을 오른쪽으로 돌린 채 오른발을 앞으로 이동하며 상대를 타격할 수 있는 거리로 접근한다.

공격자는 오른쪽 팔꿉을 상대의 얼굴을 향해 아래에서 위로 사선으로 올려친다.

7. 스피닝 엘보우(spinning elbow)

스피닝 엘보우는 몸을 뒤로 돌려 치는 팔굽 기술로, 태국 무에타이에서는 '쏙 위앵 클랍'이라 부릅니다.

상대의 이마, 관자놀이, 눈썹 위, 코, 광대뼈, 턱을 팔굽 바깥쪽으로 친다.
이 때 대각선 아래에서 위로 사선으로 올려칠 수도 있고, 수평으로 돌려 칠 수도 있다.

(1) 왼손 스피닝 엘보우

  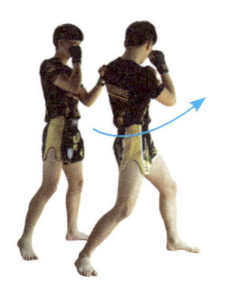 

양 선수 준비 | 우측의 공격자는 오른발을 좌전방으로 이동하며 상대를 타격할 수 있는 거리로 접근한다. | 몸을 왼쪽 뒤로 돌려 상대를 환인 한다. | 몸을 회전시키며 왼쪽 팔굽 바깥쪽으로 상대 얼굴을 타격한다.

(2) 오른손 스피닝 엘보우

  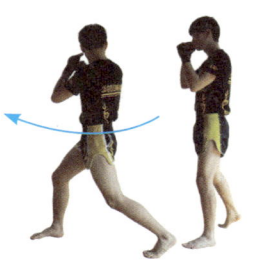 

양 선수 준비 | 좌측의 공격자는 왼발을 우전방으로 이동하며 상대를 타격할 수 있는 거리로 접근한다. | 몸을 오른쪽 뒤로 돌려 상대를 환인 한다. | 몸을 회전시키며 오른쪽 팔굽 바깥쪽으로 상대 얼굴을 타격한다.

8. 엘보우에 대한 방어

(1) 린백(Lean back)

팔굽 공격은 상당히 짧은 공격입니다.

상대 공격 타이밍에 허리를 뒤로 젖히기만 해도 쉽게 공격을 피할 수 있습니다.

팔굽에 대한 린백

(2) 암 블록 (Arm block)

가로 팔굽 공격에 대한 암 블록

로테이팅 엘보우, 엘보우 훅 등 횡으로 들어오는 팔굽 공격을 막을 때는 가드를 들어 자신의 팔뚝으로 상대의 팔뚝을 부딪쳐 막아냅니다.

엘보우 어퍼컷과 같이 종으로 들어오는 팔굽 공격을 막을 때에는 자신의 팔뚝을 가로로 눕혀 상대의 팔뚝을 부딪쳐 막아냅니다.

세로 팔굽 공격에 대한 암 블록

9 니킥(Knee kick)

니킥은 무릎으로 타격하는 기술을 뜻합니다. 태국 무에타이에서는 '때 카오'라고 부릅니다.

니킥은 일반인이 생각하는 것 이상으로 가공할만한 위력을 지니고 있습니다. 특히 빰 클린치로 잡은 상태에서 니킥으로 복부를 타격할 경우 상대의 체력을 단 시간 내에 고갈시킬 수 있는 것은 물론이고 뱃속의 장기에도 내상을 입히는 등 큰 충격을 줄 수 있습니다.

니킥은 상대의 배, 가슴 등 상체 뿐 아니라 얼굴, 허벅지에 공격할 수 있습니다.

니킥을 칠 때는 신체에서 가장 크고 단단한 대퇴부의 넓적 다리 뼈와 정강이 뼈의 힘을 무릎에 모아 공격하기 때문에 창을 들고 상대를 찌른다는 느낌으로, 혹은 공성퇴(과거 공성전에서 사용한 무기)가 성문을 부서뜨린다는 느낌으로 연습해야 합니다.

1. 스트레이트 니킥(Straight knee kick)

스트레이트 니킥은 무릎을 정면으로 치는 기술로, 태국 무에타이에서는 '카오 뜨롱'이라 부릅니다.
스트레이트 니킥은 허리를 회전시키며 넓적다리 뼈로 앞으로 찌르듯이 무릎을 치게 됩니다.

(1) 오른발 스트레이트 니킥

준비

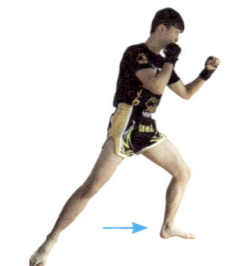

왼발을 앞으로 이동 시킨다.

오른쪽 무릎을 들고 엉덩이와 허리를 앞으로 밀면서 무릎 끝으로 창으로 찌르듯 목표를 타격한다.

양 선수 준비

좌측의 공격자는 왼발을 앞으로 이동하며 상대를 타격할 수 있는 거리로 접근한다.

공격자는 오른쪽 무릎을 들고 엉덩이와 허리를 앞으로 밀면서 무릎으로 상대를 타격한다. 이 때 상체를 뒤로 젖혀주면 좀 더 무릎에 힘을 실어 타격할 수 있다. 상대를 타격한 후 오른발을 디디고 두 발을 뒤로 빼어 기본 거리를 유지한다.

(2) 왼발 스트레이트 니킥

준비

양발의 위치를 바꾼다. 목표와의 거리가 먼 경우 오른발을 앞으로 이동 시킨다.

왼쪽 무릎을 들고 엉덩이와 허리를 앞으로 밀면서 무릎 끝으로 창으로 찌르듯 목표를 타격한다.

   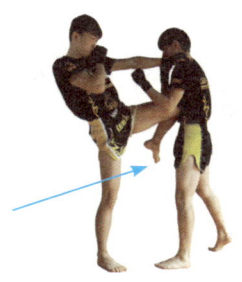

양 선수 준비

좌측의 공격자는 양발의 위치를 바꾸거나, 상대와의 거리가 먼 경우 오른발을 앞으로 이동하며 상대를 타격할 수 있는 거리로 접근한다.

공격자는 왼쪽 무릎을 들고 엉덩이와 허리를 앞으로 밀면서 무릎으로 상대를 타격한다. 이 때 상체를 뒤로 젖혀주면 좀 더 무릎에 힘을 실어 타격할 수 있다. 상대를 타격한 후 왼발을 디디고 두 발을 뒤로 빼어 기본 거리를 유지한다.

2. 다이고널 니킥(Diagonal knee kick)

다이고널 니킥은 상대의 옆구리나 측면으로 무릎을 대각선으로 올려치는 기술로, 태국 무에타이에서는 '카오 치앵'이라 부릅니다.

다이고널 니킥은 허리를 회전시키며 종아리 뼈로 아래에서 위로 찌르듯이 무릎을 치게 됩니다.

(1) 오른발 다이고널 니킥

준비

왼발을 앞으로 이동 시킨다.

왼쪽 발목, 무릎, 허리를 왼쪽으로 회전하며 오른쪽 무릎을 대각선 아래에서 위로 목표를 향해 올려친다.

   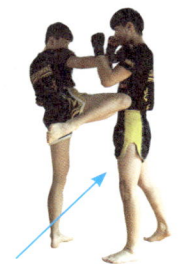

양 선수 준비

좌측의 공격자는 왼발을 앞으로 이동하며 상대를 타격할 수 있는 거리로 접근한다.

공격자는 왼쪽 발목, 무릎, 허리를 왼쪽으로 회전하며 오른쪽 무릎을 대각선 아래에서 위로 상대 옆구리를 향해 올려친다. 상대를 타격한 후 오른발을 디디고 두 발을 뒤로 빼어 기본 거리를 유지한다.

(2) 왼발 다이고널 니킥

준비

양발의 위치를 바꾼다. 목표와의 거리가 먼 경우 오른발을 앞으로 이동 시킨다.

오른쪽 발목, 무릎, 허리를 오른쪽으로 회전하며 왼쪽 무릎을 대각선 아래에서 위로 목표를 향해 올려친다.

   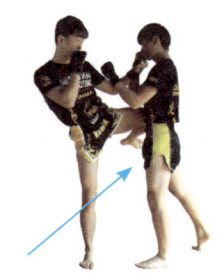

양 선수 준비

좌측의 공격자는 양발의 위치를 바꾸거나, 상대와의 거리가 먼 경우 오른발을 앞으로 이동하며 상대를 타격할 수 있는 거리로 접근한다.

공격자는 오른쪽 발목, 무릎, 허리를 오른쪽으로 회전하며 왼쪽 무릎을 대각선 아래에서 위로 상대 옆구리를 향해 올려친다. 상대를 타격한 후 오른발을 디디고 두 발을 뒤로 빼어 기본 거리를 유지한다.

3. 플라잉 니킥(Flying knee kick)

플라잉 니킥은 뛰어서 무릎으로 치는 기술로, 태국 무에타이에서는 제자리에서 바로 뛰어서 치는 기술을 '카오 똔', 도움 닫기 후 두 발을 교차하며 치는 기술을 '카오 로이'라고 부릅니다.

(1) 제자리에서 뛰어서 치는 플라잉 니킥 (카오 똔)

1) 오른발 카오 똔

  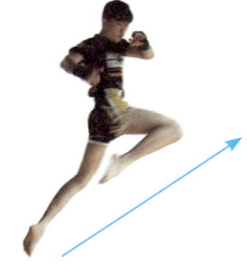

준비

왼발을 앞으로 디디며 무릎을 가볍게 굽혔다가

왼발 무릎을 펴는 힘으로 그 자리에서 뛰어 올라 오른쪽 무릎으로 목표를 타격한다.

   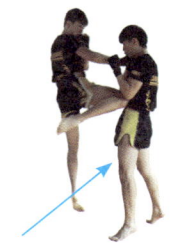

양 선수가 기본 거리 보다 멀리 떨어져 있을 경우 | 좌측의 공격자가 상대에게 뛰어서 공격 가능한 거리까지 접근한다. | 왼발 무릎을 가볍게 굽혀 도약 준비를 한다. | 공격자는 왼발로 앞으로 뛰어 오른쪽 무릎으로 상대를 타격한다. 상대를 타격한 후 발을 디디고 준비 자세로 돌아와 두 발을 뒤로 빼어 기본 거리를 유지 한다.

2) 왼발 카오 똔

준비 | 양발의 위치를 바꾸거나 목표와의 거리가 먼 경우 오른발을 앞으로 이동 한다. 오른쪽 무릎을 가볍게 굽혔다가 | 오른발 무릎을 피는 힘으로 그 자리에서 뛰어 올라 왼쪽 무릎으로 목표를 타격한다.

 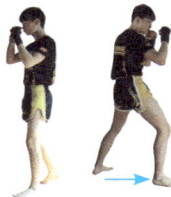  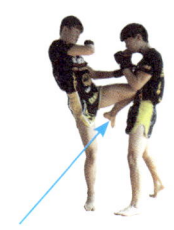

양 선수가 기본 거리 보다 멀리 떨어져 있을 경우 | 좌측의 공격자는 양발의 위치를 바꾸거나 상대와의 거리가 먼 경우 오른발을 앞으로 이동하여 상대에게 뛰어서 공격 가능한 거리까지 접근한다. | 오른발 무릎을 가볍게 굽혀 도약 준비를 한다. | 공격자는 오른발로 앞으로 뛰어 왼쪽 무릎으로 상대를 타격한다. 상대를 타격한 후 발을 디디고 준비 자세로 돌아와 두 발을 뒤로 빼어 기본 거리를 유지 한다.

4. 두 발을 교차하며 치는 플라잉 니킥 (카오 로이)

(1) 오른발 카오 로이

준비

왼발로 찰 듯 무릎을 들어올린다.

오른발로 앞으로 도약하여 허공에서 발을 바꾸고

오른쪽 무릎으로 목표를 타격한다.

양 선수가 기본 거리 보다 멀리 떨어져 있을 경우

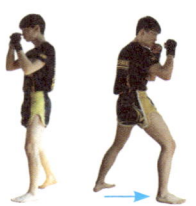
좌측의 공격자는 상대에게 뛰어서 공격 가능한 거리까지 오른 발을 이동해 접근한다.

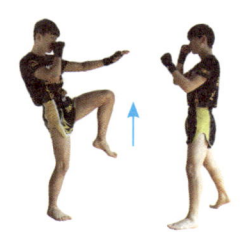
왼발 무릎을 들어 올리며 마치 왼발로 찰 듯 페이크를 준다.

오른발로 앞으로 도약하여 허공에서 발을 바꾸고 오른쪽 무릎으로 상대를 타격한다. 상대를 타격한 후 발을 디디고 준비 자세로 돌아와 두 발을 뒤로 빼어 기본 거리를 유지 한다.

(2) 왼발 카오 로이

준비

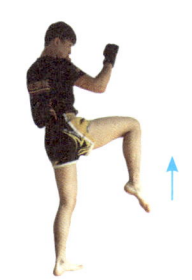
오른발로 찰 듯 무릎을 들어 올린다.

왼발로 앞으로 도약하여 허공에서 발을 바꾸고

왼쪽 무릎으로 목표를 타격한다.

양 선수가 기본 거리 보다 멀리 떨어져 있을 경우

좌측의 공격자는 상대에게 뛰어서 공격 가능한 거리까지 앞으로 접근한다.

오른발 무릎을 들어 올리며 마치 오른발로 찰 듯 페이크를 준다.

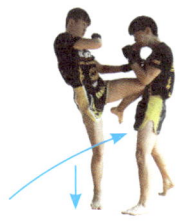
왼발로 앞으로 도약하여 허공에서 발을 바꾸고 왼쪽 무릎으로 상대를 타격한다. 상대를 타격한 후 발을 디디고 준비 자세로 돌아와 두 발을 뒤로 빼어 기본 거리를 유지한다.

5. 니킥에 대한 방어

(1) 팔굽 깨기

상대 니킥에 대한 팔굽 깨기

상대가 니킥을 차는 순간 몸을 옆으로 틀어서 충격을 최소화한 상태에서 팔굽으로 상대 무릎, 허벅지를 내리치듯 막아냅니다. 상대는 자신이 공격하는 힘에 도리어 더 큰 충격을 받게 됩니다.

(2) 앞손 푸시

상대의 니킥이 들어오는 순간 엉덩이를 살짝 뺀 상태에서 앞손으로 상대의 얼굴, 가슴을 밀어버립니다.

앞손으로 상대를 밀어준다

(3) 피벗

양 선수 준비

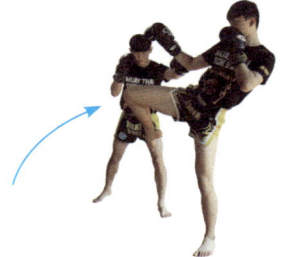

상대 니킥 타이밍에 피벗으로 몸을 전환시킨다

피벗으로 몸을 전환하며 니킥을 회피합니다.
상대의 사각 지역에서 더 많은 반격의 기회를 포착할 수 있게 될 것입니다.

10 빰 넥 클린치(Neck clinch)

1. 빰

보통 클린치가 상대의 공격을 방어할 목적으로 상대를 잡거나 껴안는 기술이라면, '빰'은 상대를 두 손으로 잡아 당기거나 밀거나 좌우로 흔들어 방어를 힘들게 한 상태에서 니킥 공격이나 엘보우 공격으로 연결하는 일반 클린치보다 적극적이고 공세적인 잡기 기술입니다.

(1) 그립 만들기, 인사이드 점유하기

그립 모양 1

그립 모양 2

그립 모양 3

빰을 연습 할 때는 맨손으로 연습하게 되지만 실제 경기에서는 글러브를 착용하게 됩니다.
글러브를 착용하게 되면 손가락을 깍지 끼거나 맞잡기 힘들 것입니다.
그렇기 때문에 평상시 위와 같은 그립을 만들어 상대를 잡을 수 있도록 연습해야 합니다.

상대의 팔을 바깥쪽으로 밀어 내고 자신의 팔은 상대의 안쪽을 파고 들어라

목을 잡아 제압하기 위한 빰 기술은 서로의 팔로 목을 잡으려는 싸움에서부터 시작합니다.

이 때 팔이 바깥쪽에 있는 사람은 상대의 목을 잡기에 불편하고, 잡는다 해도 상대를 컨트롤하기 힘듭니다.

그래서 빰을 할 때는 자신의 팔을 상대의 팔 안쪽으로 집어 넣으며 상대의 목을 잡으려는 과정의 싸움이 불가피한데, 이 과정을 '인사이드 점유하기 싸움'이라고 합니다.

상대의 목을 선점하고 인사이드를 점유한 사람은 상대가 팔을 집어 넣으며 안으로 파고들려 할 때 팔꿈치를 조이고 상대를 당겨주며 상대의 팔이 들어오지 못하게 방어합니다. 인사이드로 파고 들려는 사람은 상대의 팔을 당기거나 들어 올리며 인사이드로 들어가려 해야 하고, 힘에서 밀려 계속 상대에게 휘둘릴 때에는 손이나 팔로 상대의 얼굴이나 목을 밀어내며 빠져 나올 수도 있습니다.

(2) 목 잡아 당기기, 좌우 흔들기

상대를 빰으로 목을 잡았을 때 가장 좋은 제압 방법은 상대의 머리를 아래로 강하게 내리 당기는 것입니다.

상대의 목을 잡아 좌우로 흔들어 준다.

상대의 머리가 숙여지면 몸도 함께 숙여지고, 이렇게 되면 상대에게 니킥을 치기 좋은 각과 공간이 만들어지게 됩니다.

좀 더 상대의 균형을 무너뜨리고 방어를 흐트러뜨리기 위해서는 팔뚝을 상대의 쇄골에 대고 이 부분을 지렛대 삼아 상대를 흔들어 놓습니다. 상대를 흔들 때는 팔의 힘으로만 흔들지 말고, 상대를 빰으로 꽉 잡은 채로 한 발을 기준으로 삼아 다른 발을 원을 그리듯 뒤로 빼어주면서 회전해 주면 상대의 균형을 쉽게 흐트러뜨릴 수 있게 됩니다.

2. 빰 상태에서의 니킥

상대를 잡아 당기면서 니킥을 칠 때, 상대에게 더 큰 데미지를 준다.

상대를 잡은 상태에서 상대를 끌어당기면서 치는 니킥은 잡지 않은 상태에서 니킥을 차는 것보다 더 위력적입니다.

이는 마주 오는 자동차가 서로 부딪혔을 때 더 큰 충격이 일어나는 것과 같은 이치입니다.

상대를 잡아당기면서, 혹은 밀면서, 좌우로 흔들어 주면서 니킥을 치는 연습을 하십시오.

단, 킥복싱 대회에서는 상대를 잡은 상태에서의 니킥을 1회, 또는 2회로 제한하는 경우가 많기 때문에 니킥을 하고 바로 손을 놓는 습관을 들이는 것이 좋습니다.

3. 뺨 상태에서의 니킥 방어

배 붙이기

상대에게 배를 붙이며 상대가 무릎을 칠 공간을 없애 버립니다.

허리 껴안기

상대에게 목을 빼앗기고 제압 당했다면 손을 아래로 내려 상대의 허리를 잡습니다.

무릎 붙이기

상대의 배에 먼저 무릎을 붙여 버리면 상대가 니킥으로 공격하기 힘들어집니다.

단, 너무 오래 무릎을 들고 있으면 상대가 나를 넘어트리거나 풋 스윕을 시도할 수 있으므로 유의해야 합니다.

상대와 맞잡은 상태에서 상대가 무릎을 올리는 순간 발을 뒤로 빼어 원을 그리듯 회전합니다.

무릎을 치던 상대는 균형을 잃고 공세를 멈추게 됩니다.

피벗 흔들기

11 카운터 어택(Counter attack)

카운터 어택은 상대 공격을 방어한 후 이루어지는 반격을 뜻합니다. 흔히들 줄여서 '카운터' 라고 부릅니다.

반격은 상대로부터 공격의 주도권을 가져오고 자신이 적극적인 공세로 전환하기 위한 능동적인 대처 방법입니다.

물론 상대의 공격을 막거나 피하거나 방어하지 못하고 타격을 당하다가도 반격을 할 수 있겠지만, 되도록 상대의 공격을 안전하게 방어한 후에 반격을 가하는 것이 더 효율적이고 상대에게 더 큰 타격을 줄 수 있을 것입니다.

상대의 공격 기술마다 어떻게 방어하고 어떻게 반격을 할지 미리 결정하고 연습한다면 실전에서 활용할 가능성이 더 높아지겠지요.

이번 과정에서는 각 공격 기술마다 대응할 수 있는 대표적인 방어 방법과 카운터 어택 방법들을 나열해 보았습니다.

1. 스트레이트에 대한 카운터 어택

(1) 슬리핑 & 크로스

상대가 왼손 스트레이트를 치면 오른쪽으로 몸을 돌려 슬리핑으로 피하고

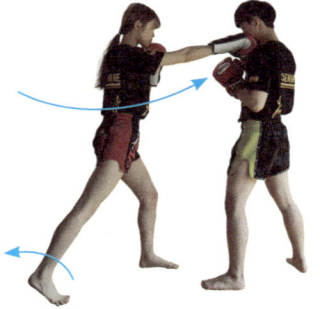

오른손 크로스 카운터로 반격한다.

> **Tip** ※ 흔히 복싱에서 '쓱빡' 이라고 부르는 카운터 기술입니다.

(2) 스토핑 & 딥

상대가 스트레이트를 치면 왼손 스토핑으로 막고

왼발 딥 카운터로 반격한다.

(3) 사이드 스텝 & 미들킥

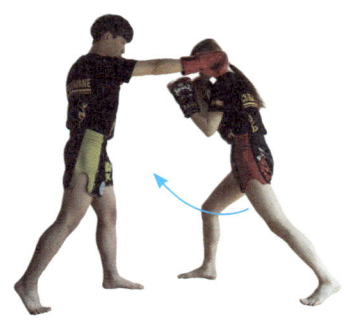

상대가 오른손 스트레이트를 치면 오른쪽으로 움직여 피하고

왼발 미들킥 카운터로 반격한다.

(4) 파링 & 스트레이트 니킥

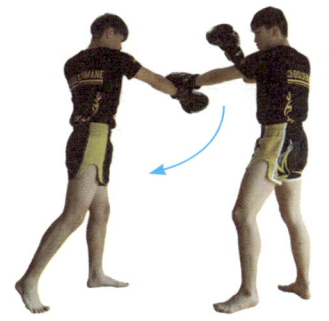 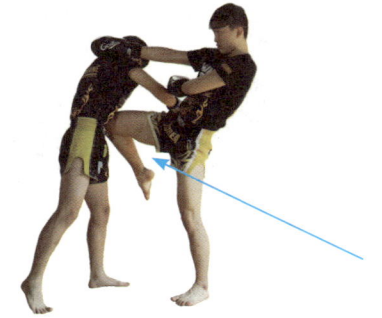

상대가 오른손 스트레이트를 치면 왼손 파링으로 막고

상대 어깨를 잡고 오른발 니킥 카운터로 반격한다.

2. 훅에 대한 카운터

(1) 린백 & 크로스

 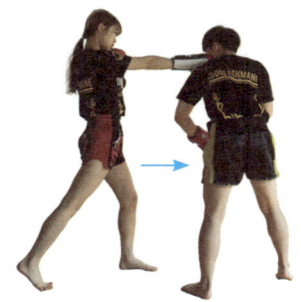

상대가 왼손 훅을 치면 린백으로 피하고

오른손 크로스 카운터로 반격한다.

(2) 위빙 & 바디샷

상대가 오른손 훅을 치면 위빙으로 피하고

왼손 바디샷 카운터로 반격한다.

(3) 측면 가드 & 어퍼컷

 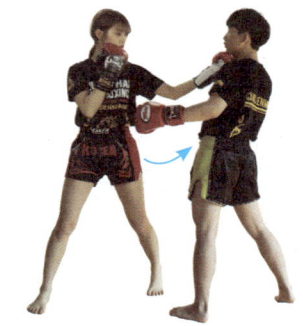

상대가 왼손 훅을 치면 측면 가드로 막고

왼손 어퍼컷 카운터로 반격한다.

(4) 무에타이 스타일 가드 & 미들킥

상대가 오른손 훅을 치면 무에타이 스타일 가드로 막고

왼발 미들킥 카운터로 반격한다.

오른발 로우킥으로 반격할 수 있다.

3. 딥에 대한 카운터

(1) 파링 & 로우킥

상대가 왼발 딥을 차면 파링으로 돌려 내고

오른발 로우킥 카운터로 반격한다.

(2) 딥 캐치 & 훅

상대가 왼발 딥을 차면 뒤로 피해 잡아내고 상대방의 균형을 무너뜨린 뒤

상대 다리를 왼쪽으로 던지며 왼손 훅 카운터로 반격한다.

※ K-1 월드 맥스에서 두 차례나 우승한 태국의 쁘아카오 반차멕(쁘아카오 포프라묵)이 잘 사용하던 카운터 기술입니다. 쁘아카오는 상대 딥을 잡아낸 후 얼굴, 또는 바디를 향해 강한 훅을 강타하여 상대의 공격 기세를 꺾어 버리는 데 매우 능했습니다.
또 이 기술하면 생각나는 선수는 임치빈 선수인데요, 2009년 K-1 맥스 코리아 결승전에서 상대 이수환 선수의 강력한 왼발 공격에 1라운드에 두 차례나 다운을 당했는데, 상대의 딥(궤적으로 보면 딥 보다는 킥에 가까웠던 공격으로 기억합니다.)을 잡아 왼손 훅으로 연결하는 카운터 한방으로 상대를 실신시키며 극적인 역전 KO승을 거두었지요. 저는 이 경기를 지금까지 제가 보아온 입식 격투 경기들 중 최고의 경기로 꼽고 싶습니다.

(3) 피벗 & 훅

상대가 오른발 딥을 차면 좌측 피벗으로 피한 후

왼손 훅 카운터로 반격한다.

4. 미들킥에 대한 카운터

(1) 킥 가드 & 로우킥

상대가 오른발 미들킥을 차면 킥 가드로 막은 뒤

오른발 로우킥 카운터로 반격한다.

(2) 욕카방 & 딥

상대가 오른발 미들킥을 차면 왼발 욕카방으로 막은 뒤

왼발 딥 카운터로 반격한다.

(3) 킥 캐치 & 풋 스윕

상대가 왼발 미들킥을 차면 킥 캐치로 잡은 뒤

오른발 풋 스윕 카운터로 넘어뜨린다.

(4) 킥 가드 & 스피닝 엘보우

상대가 왼발 미들킥을 차면 킥 가드로 막은 뒤

오른손 스피닝 엘보우 카운터로 반격한다.

5. 로우킥에 대한 카운터

(1) 원 스텝 백 & 로우킥

상대가 오른발 로우킥을 차면 왼발을 뒤로 빼며 피한 뒤

왼발 로우킥 카운터로 반격한다.

(2) 욕카방 & 로우킥

상대가 오른발 로우킥을 차면 왼발 욕카방으로 막은 뒤

오른발 로우킥 카운터로 반격한다.

6. 하이킥에 대한 카운터

(1) 린백 & 크로스

상대가 오른발 하이킥을 차면 린백으로 피한 뒤

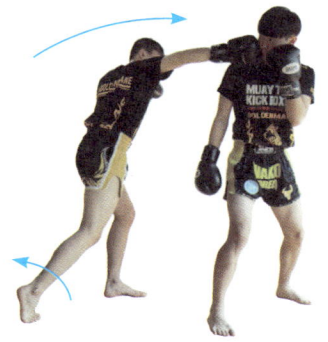
오른손 크로스 카운터로 반격한다.

(2) 사이드 스텝 & 로우킥

상대가 왼발 하이킥을 차면 몸을 숙이고 사이드 스텝으로 왼쪽으로 빠지며

오른발 로우킥 카운터로 반격한다. 상대 하이킥이 나오는 타이밍을 맞춰 반응해야 한다.

7. 엘보우에 대한 카운터

(1) 암 블록 & 엘보우 어퍼컷

상대가 엘보우 훅을 치면 가드를 들어
암블록으로 막은 뒤

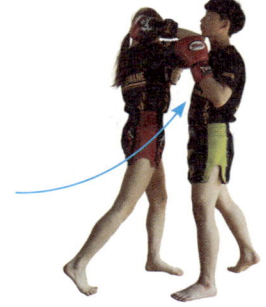

엘보우 어퍼컷 카운터로 반격한다.

(2) 암 블록 & 니킥

상대가 엘보우 훅을 치면 가드를 들어
암블록으로 막은 뒤

상대의 어깨를 잡고 니킥 카운터로
반격한다.

8. 니킥에 대한 카운터

(1) 피벗 & 어퍼컷

상대가 니킥을 차면 좌측 피벗으로 피한 뒤

왼손 어퍼컷 카운터로 반격한다.

(2) 앞손 푸시 & 바디 스트레이트

상대가 니킥을 차면 왼손으로 상대 몸을 밀어 막은 뒤

오른손 바디 스트레이트 카운터로 반격한다.

12 후속 공격 (Subsequent attack)

후속 공격은 상대가 자신의 첫 번째 공격을 피함으로서 빗나갔을 때 상대에게 반격의 기회를 주지 않고 공격 기세를 이어가기 위한 방법입니다.

상대가 내 공격을 회피했을 때도 사용할 수 있지만, 아예 첫 번째 공격을 페이크로 속여주고 후속 공격을 결정타로 사용할 수도 있습니다.

1. 스트레이트 ⇨ 딥

상대가 왼손 스트레이트 펀치를 뒤로 피하면 / 왼발 딥으로 연결한다.

2. 훅 ⇨ 백스핀 블로우, 스피닝 엘보우

상대가 왼손 훅을 린백으로 뒤로 피하면 / 몸을 돌려 오른손 백스핀 블로우로 연결한다. / 거리가 가깝다면 오른손 스피닝 엘보우로 연결해도 좋다.

3. 미들킥 ⇨ 사이드 킥

상대가 오른발 미들킥을 뒤로 피하면　　오른발을 잠시 바닥에 디뎠다가　　다시 오른발 사이드 킥으로 연결한다.

4. 로우킥 ⇨ 백스핀 사이드 킥

 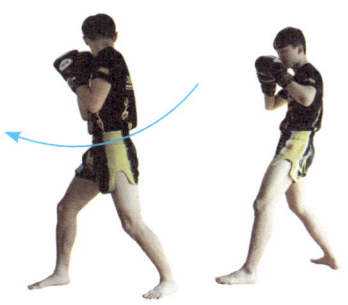 

상대가 왼발 로우킥을 뒤로 피하면　　왼발을 바닥에 디디고 몸을 뒤로 돌려　　오른발 백스핀 사이드킥으로 연결한다.

5. 로테이팅 엘보우 ⇨ 리버스 엘보우

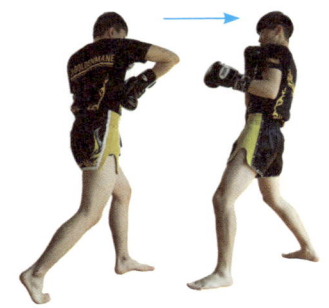  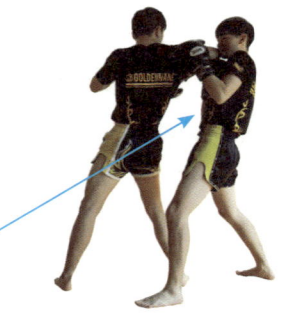

상대가 오른손 로테이팅 엘보우 뒤로 피하면

오른발을 전진시켜 지근거리로 접근해

오른손 리버스 엘보우로 연결한다.

6. 엘보우 어퍼컷 ⇨ 스피어 엘보우

상대가 왼손 엘보우 어퍼컷을 뒤로 피하면

왼발을 전진시켜 지근거리로 접근해 왼손 스피어 엘보우로 연결한다.

7. 스트레이트 니킥 ⇨ 딥

상대가 왼발 스트레이트 니킥을 뒤로 피하면

오른발 딥으로 연결한다. 발이 땅에 닿기 전 점핑 딥을 해도 좋다.

13 기본 컴비네이션

컴비네이션은 킥복싱 기본 기술들을 조합한 "연결 공격"을 뜻합니다.

태권도나 전통 무술과 같은 "미리 정해진 품세"와 같다고 볼 수도 있겠지만, 그보다는 "킥복싱에서 사용하는 기술들을 조합한 연결 공격" 라고 보는 좋겠습니다.

아래 소개는 60가지의 기술들은 킥복싱에서 가장 많이 사용되는 컴비네이션 입니다.

1. 더블 잽

왼손 잽을 치고 / 왼발 전진 하며 왼손을 반 쯤 회수했다가 / 다시 왼손 잽을 친다.

왼손 잽을 치고 / 왼발 전진 하며 왼손을 반 쯤 회수했다가 / 다시 왼손 잽을 친다.

2. 원투 스트레이트(원투)

 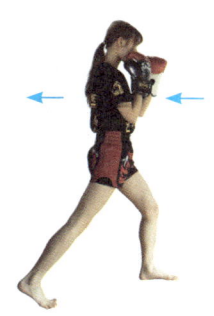 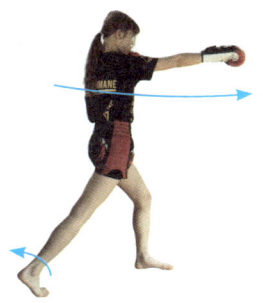

왼손 잽을 치고 　　　오른쪽 발목 돌려주며 왼손 반 쯤 회수한 후 　　　오른손 크로스를 친다.

 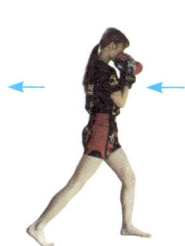 

왼손 잽을 치고 　　　오른쪽 발목 돌려주며 왼손 반 쯤 회수한 후 　　　오른손 크로스를 친다.

3. 잽 & 오른손 바디 스트레이트(원 센터)

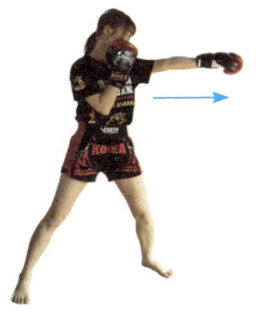  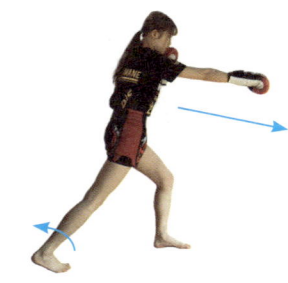

왼손 잽을 치고 　　　　　상체를 앞으로 숙이며 　　　　　오른손 바디 스트레이트를 친다.

 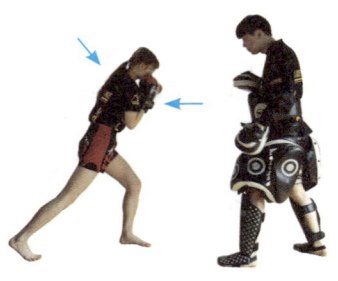 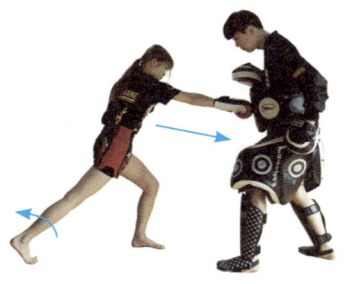

왼손 잽을 치고 　　　　　상체를 앞으로 숙이며 　　　　　오른손 바디 스트레이트를 친다.

4. 원투 스트레이트 & 왼손 훅(원투 훅)

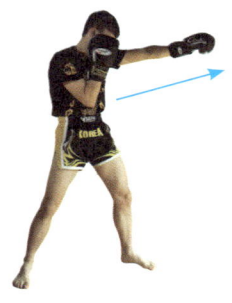 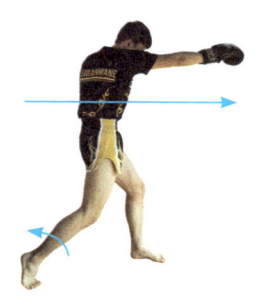 

왼손 잽을 치고   오른손 크로스를 친 후   다시 왼손 훅을 친다.

 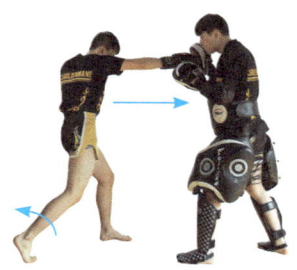 

왼손 잽을 치고   오른손 크로스를 친 후   다시 왼손 훅을 친다.

5. 원투 스트레이트 & 왼손 훅 & 오른손 바디 스트레이트(원투 훅 센터)

   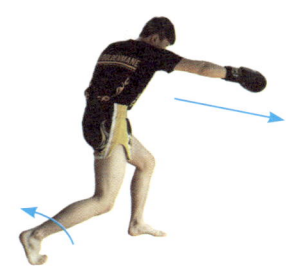

왼손 잽을 치고   오른손 크로스를 친 후   다시 왼손 훅을 치고   오른손 바디 스트레이트를 친다.

   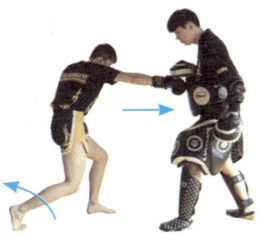

왼손 잽을 치고   오른손 크로스를 친 후   다시 왼손 훅을 치고   오른손 바디 스트레이트를 친다.

6. 오른손 크로스 & 왼손 훅(투 훅)

오른손 크로스를 친 후

다시 왼손 훅을 친다.

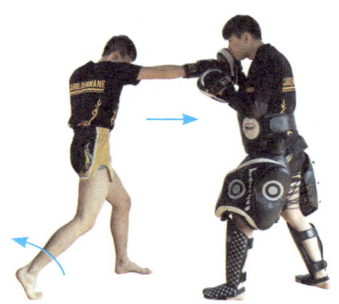

오른손 크로스를 친 후

다시 왼손 훅을 친다.

7. 오른손 어퍼컷 & 왼손 훅(업 훅)

오른손 어퍼컷을 치고

왼손 훅을 친다.

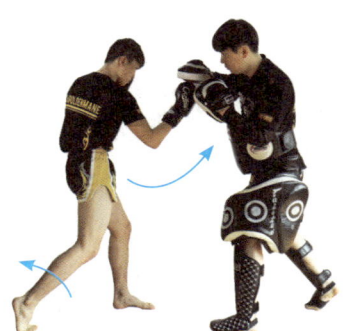

오른손 어퍼컷을 치고

왼손 훅을 친다.

8. 왼손 훅 & 왼손 바디샷(훅 바디)

왼손 훅을 치고

왼쪽 어깨와 허리를 뒤로 당겼다가

다시 왼손 바디샷을 친다.

왼손 훅을 치고

왼쪽 어깨와 허리를 뒤로 당겼다가

다시 왼손 바디샷을 친다.

9. 왼손 훅 & 오른손 크로스 & 왼손 바디샷(훅 투 바디)

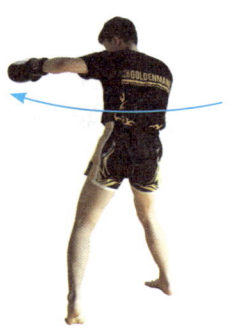  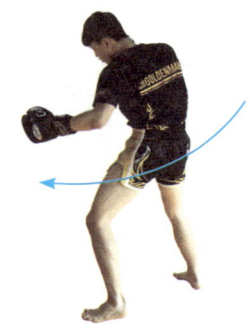

왼손 훅을 치고   오른손 크로스를 치고   다시 왼손 바디샷을 친다.

 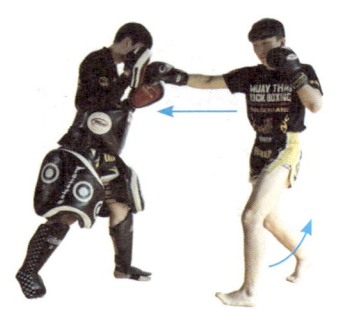 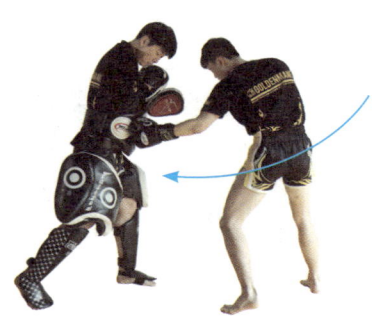

왼손 훅을 치고   오른손 크로스를 치고   다시 왼손 바디샷을 친다.

10. 원투 스트레이트 & 왼손 훅 & 오른손 어퍼컷(원투 훅 업)

왼손 잽을 치고   오른손 크로스를 치고   왼손 훅을 친 후   오른손 어퍼컷을 친다.

   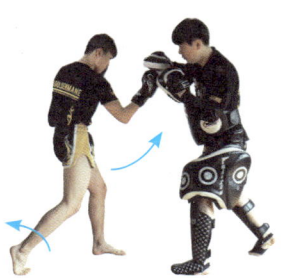

왼손 잽을 치고   오른손 크로스를 치고   왼손 훅을 친 후   오른손 어퍼컷을 친다.

11. 잽 & 왼발 로우킥(원 리드 로우)

왼손 잽을 치고

오른발을 앞으로 이동하며

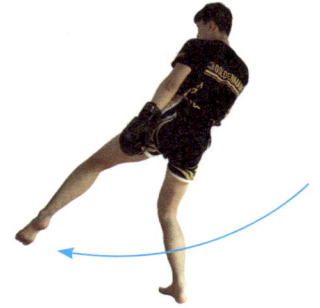
왼발 로우킥을 찬다.

왼손 잽을 치고

오른발을 앞으로 이동하며

왼발 로우킥을 찬다.

12. 왼손 훅 & 오른발 로우킥(훅 로우)

왼손 훅을 치고   왼발을 앞으로 이동하며   오른발 로우킥을 찬다.

 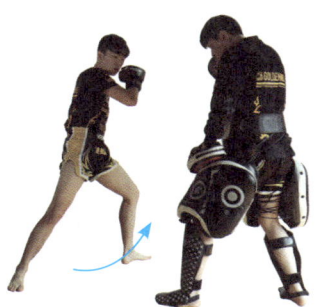 

왼손 훅을 치고   왼발을 앞으로 이동하며   오른발 로우킥을 찬다.

13. 오른손 크로스 & 왼손 훅 & 오른발 로우킥(투훅 로우)

오른손 크로스를 치고   왼손 훅을 친 후   왼발을 앞으로 이동하며   오른발 로우킥을 찬다.

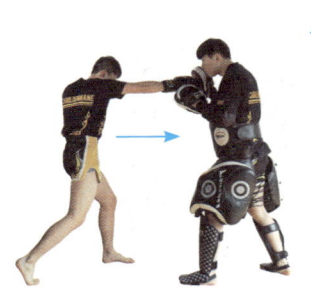   

오른손 크로스를 치고   왼손 훅을 친 후   왼발을 앞으로 이동하며   오른발 로우킥을 찬다.

14. 원투 스트레이트 & 왼손 훅 & 오른발 로우킥(원투훅 로우)

| 왼손잽을 치고 | 오른손 크로스를 치고 | 왼손 훅을 친 후 | 왼발을 앞으로 이동하며 | 오른발 로우킥을 찬다. |

 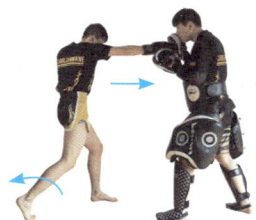   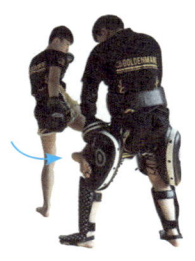

| 왼손잽을 치고 | 오른손 크로스를 치고 | 왼손 훅을 친 후 | 왼발을 앞으로 이동하며 | 오른발 로우킥을 찬다. |

15. 왼손 바디샷 & 오른발 로우킥(바디 로우)

왼손 바디샷을 치고   왼발을 앞으로 이동하며   오른발 로우킥을 찬다.

  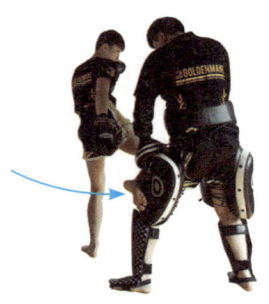

왼손 바디샷을 치고   왼발을 앞으로 이동하며   오른발 로우킥을 찬다.

16. 오른손 크로스 & 왼손 바디샷 & 오른발 로우킥(투 바디 로우)

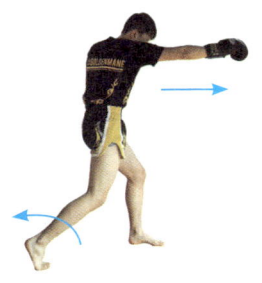   

오른손 크로스를 치고   왼손 바디샷을 친 후   왼발을 앞으로 이동하며   오른발 로우킥을 찬다.

 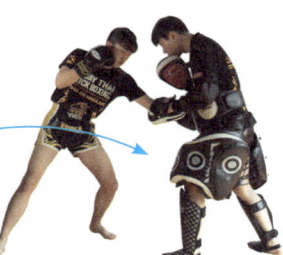  

오른손 크로스를 치고   왼손 바디샷을 치고   왼발을 앞으로 이동하며   오른발 로우킥을 찬다.

17. 왼손 훅 & 오른손 크로스 & 왼손 바디샷 & 오른발 로우킥(훅 투 바디 로우)

| 왼손 훅을 치고 | 오른손 크로스를 치고 | 왼손 바디샷을 친 후 | 왼발을 앞으로 이동하며 | 오른발 로우킥을 찬다. |

| 왼손 훅을 치고 | 오른손 크로스를 치고 | 왼손 바디샷을 치고 | 왼발을 앞으로 이동하며 | 오른발 로우킥을 찬다. |

18. 원투 스트레이트 & 왼손 훅 오른손 어퍼컷 & 왼손 훅 & 오른발 로우킥(원투 훅 업 훅 로우)

   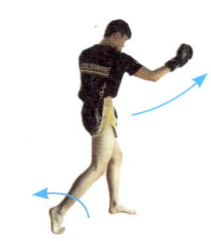

왼손 잽을 치고　　오른손 크로스를 치고　　왼손 훅을 치고　　오른손 어퍼컷을 치고

다시 왼손 훅을 친 후　　왼발을 앞으로 이동하며　　오른발 로우킥을 찬다.

 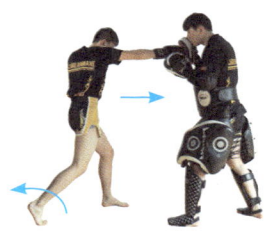  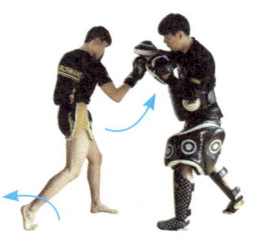

왼손 잽을 치고　　오른손 크로스를 치고　　왼손 훅을 치고　　오른손 어퍼컷을 치고

  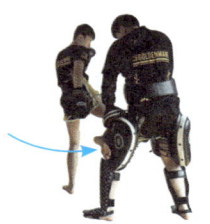

다시 왼손 훅을 친 후　　왼발을 앞으로 이동하며　　오른발 로우킥을 찬다.

19. 왼발 로우킥 & 오른손 크로스(리드 로우 투)

  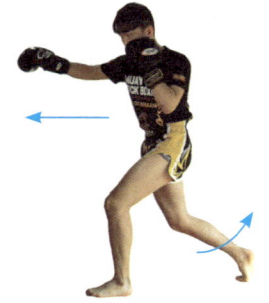

오른발을 앞으로 이동하고 　　왼발 로우킥을 찬 후　　왼발을 디디며 오른손 크로스를 친다.

  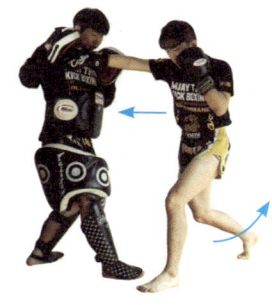

오른발을 앞으로 이동하고 　　왼발 로우킥을 찬 후　　왼발을 디디며 오른손 크로스를 친다.

20. 왼발 로우킥 & 오른손 크로스 & 왼손 훅 & 오른발 로우킥(리드 로우 투 훅 로우)

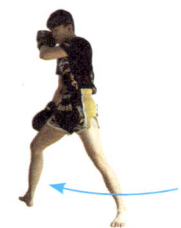
오른발을 앞으로 이동하고

왼발 로우킥을 찬 후

왼발을 디디며 오른손 크로스를 치고

왼손 훅을 친 후

왼발을 앞으로 이동하고

오른발 로우킥을 찬다.

오른발을 앞으로 이동하고

왼발 로우킥을 찬 후

왼발을 디디며 오른손 크로스를 치고

왼손 훅을 친 후

왼발을 앞으로 이동하고

오른발 로우킥을 찬다.

21. 잽 & 왼발 딥(원 딥)

왼손 잽을 치고   오른발을 앞으로 하며   왼발 딥을 찬다.

왼손 잽을 치고   오른발을 앞으로 하며   왼발 딥을 찬다.

22. 잽 & 오른발 미들킥(원 리어 킥)

왼손 잽을 치고   왼발을 앞으로 이동하며   오른발 미들킥을 찬다.

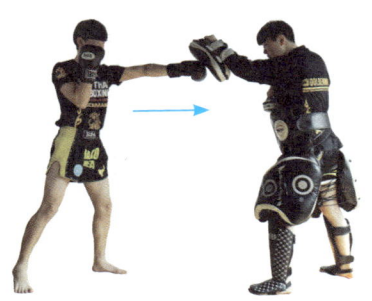  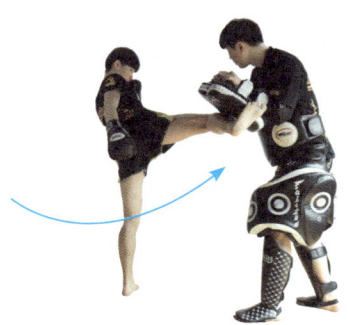

왼손 잽을 치고   왼발을 앞으로 이동하며   오른발 미들킥을 찬다.

23. 잽 & 왼발 미들킥(원 리드 킥)

왼손 잽을 치고   양 발의 위치를 바꾸어   왼발 미들킥을 찬다.

왼손 잽을 치고   양 발의 위치를 바꾸어   왼발 미들킥을 찬다.

24. 원투 스트레이트 & 오른발 미들킥(원투 리어 킥)

 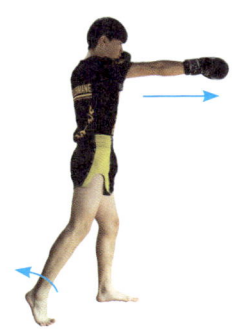 

| 왼손 잽을 치고 | 오른손 크로스를 친 후 | 왼발을 앞으로 이동하며 | 오른발 미들킥을 찬다. |

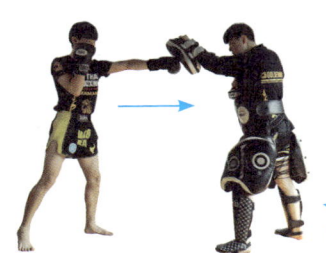 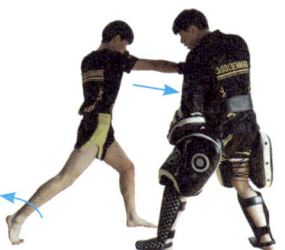  

| 왼손 잽을 치고 | 오른손 크로스를 친 후 | 왼발을 앞으로 이동하며 | 오른발 미들킥을 찬다. |

25. 원투 스트레이트 & 왼발 미들킥(원투 리드 킥)

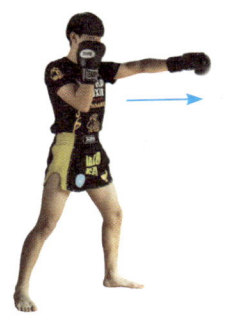 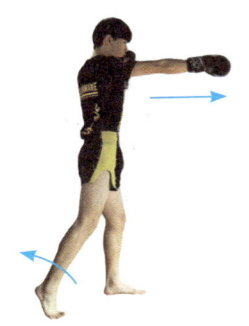  

왼손 잽을 치고   오른손 크로스를 친 후   양 발의 위치를 바꾸어   왼발 미들킥을 찬다.

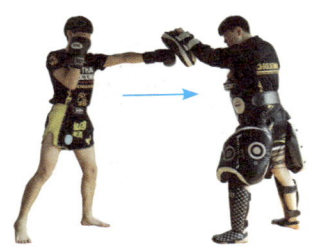 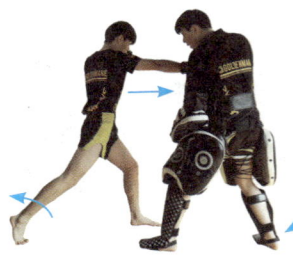  

왼손 잽을 치고   오른손 크로스를 친 후   양 발의 위치를 바꾸어   왼발 미들킥을 찬다.

26. 왼발 미들킥 & 오른손 크로스(리드 킥 투)

양 발의 위치를 바꾸어   왼발 미들킥을 차고   오른손 크로스를 친다.

양 발의 위치를 바꾸어   왼발 미들킥을 차고   오른손 크로스를 친다.

27. 왼손 훅 & 오른발 미들킥(훅 킥)

왼손 훅을 치고

왼발을 앞으로 이동하며

오른발 미들킥을 찬다.

왼손 훅을 치고

왼발을 앞으로 이동하며

오른발 미들킥을 찬다.

28. 오른손 크로스 & 왼손 훅 & 오른발 미들킥(투 훅 킥)

오른손 크로스를 치고   왼손 훅을 친 후   왼발을 앞으로 이동하며   오른발 미들킥을 찬다.

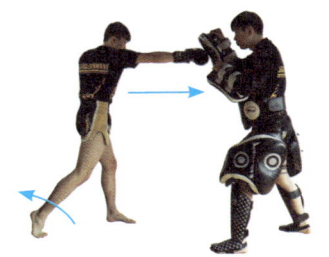  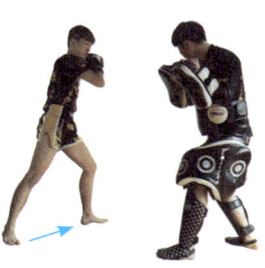 

오른손 크로스를 치고   왼손 훅을 치고   왼발을 앞으로 이동하며   오른발 미들킥을 찬다.

29. 원투 스트레이트 & 왼손 훅 & 오른발 미들킥(원투 훅 킥)

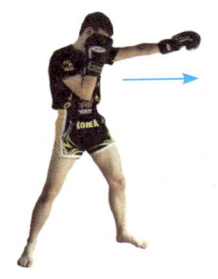    

| 왼손 잽을 치고 | 오른손 크로스를 치고 | 왼손 훅을 친 후 | 왼발을 앞으로 이동 하며 | 오른발 미들킥을 찬다. |

 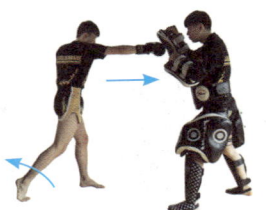  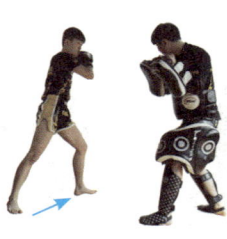 

| 왼손 잽을 치고 | 오른손 크로스를 치고 | 왼손 훅을 치고 | 왼발을 앞으로 이동 하며 | 오른발 미들킥을 찬다. |

30. 원투 스트레이트 & 왼손 훅 & 오른손 크로스 & 왼발 미들킥(원투 훅 투 리드 킥)

왼손 잽을 치고

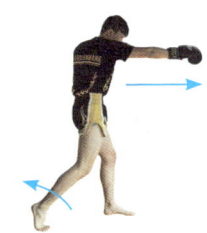
오른손 크로스를 치고

왼손 훅을 치고

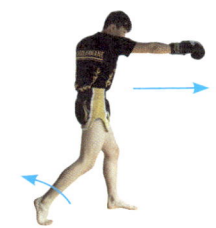
다시 오른손 크로스를 친 후

양 발의 위치를 바꾸어

왼발 미들킥을 찬다.

왼손 잽을 치고

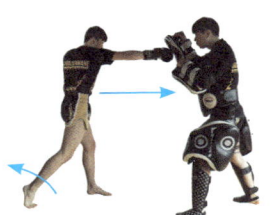
오른손 크로스를 치고

왼손 훅을 치고

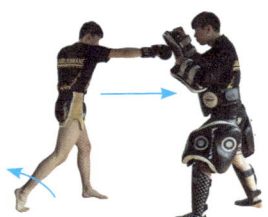
다시 오른손 크로스를 친 후

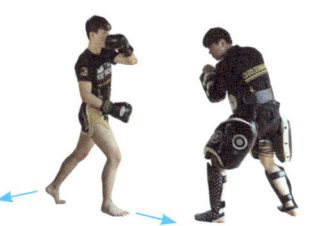
양 발의 위치를 바꾸어

왼발 미들킥을 찬다.

31. 원투 스트레이트 & 왼발 미들킥 & 오른발 미들킥(원투 리드 킥 앤 리어 킥)

| 왼손 잽을 치고 | 오른손 크로스를 친 후 | 양 발의 위치를 바꾸어 | 왼발 미들킥을 차고 | 왼발을 디디며 오른발 미들킥을 찬다. |

 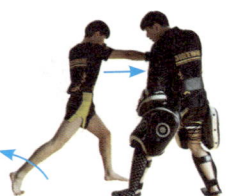   

| 왼손 잽을 치고 | 오른손 크로스를 친 후 | 양 발의 위치를 바꾸어 | 왼발 미들킥을 차고 | 왼발을 디디며 오른발 미들킥을 찬다. |

32. 왼발 미들킥 & 오른손 크로스 & 오른발 미들킥(리드 킥 투 리어 킥)

양 발의 위치를 바꾸어 | 왼발 미들킥을 차고 | 왼발을 디디며 오른손 크로스를 친 후 | 오른발 미들킥을 찬다.

  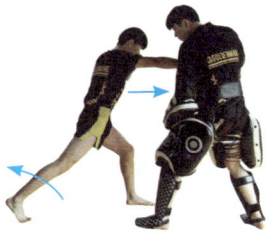 

양 발의 위치를 바꾸어 | 왼발 미들킥을 차고 | 왼발을 디디며 오른손 크로스를 친 후 | 오른발 미들킥을 찬다.

33. 왼발 미들킥 & 오른손 크로스 & 왼손 훅 & 오른발 로우킥(리드 킥 투 훅 로우)

양 발의 위치를 바꾸어

왼발 미들킥을 차고

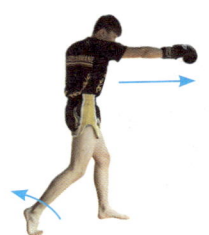

왼발을 디디며 오른손 크로스를 치고

왼손 훅을 친 후

왼발을 앞으로 이동하며

오른발 로우킥을 찬다.

양 발의 위치를 바꾸어

왼발 미들킥을 차고

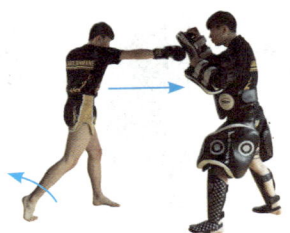

왼발을 디디며 오른손 크로스를 치고

왼손 훅을 친 후

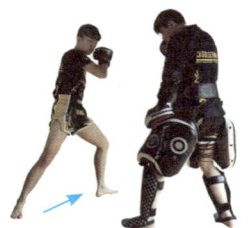

왼발을 앞으로 이동하며

오른발 로우킥을 찬다.

34. 잽 & 오른발 하이킥(원 하이)

왼손 잽을 치고

왼발을 앞으로 이동하며

오른발 하이킥을 찬다.

왼손 잽을 치고

왼발을 앞으로 이동하며

오른발 하이킥을 찬다.

35. 잽 & 왼발 하이킥(원 리드 하이)

왼손 잽을 치고　　　　　　양 발의 위치를 바꾸어　　　　　왼발 하이킥을 찬다.

왼손 잽을 치고　　　　　　양 발의 위치를 바꾸어　　　　　왼발 하이킥을 찬다.

36. 왼발 딥 & 오른발 미들킥(딥 킥)

오른발을 앞으로 이동하며　　　　　왼발 딥을 차고　　　　　왼발 디디며 오른발 미들킥을 찬다.

오른발을 앞으로 이동하며　　　　　왼발 딥을 차고　　　　　왼발 디디며 오른발 미들킥을 찬다.

37. 왼발 딥 & 왼발 미들킥(딥 리드 킥)

오른발을 앞으로 이동하며   왼발 딥을 차고   왼발을 디디고 양 발의 위치를 바꾸며   왼발 미들킥을 찬다.

오른발을 앞으로 이동하며   왼발 딥을 차고   왼발을 디디고 양 발의 위치를 바꾸며   왼발 미들킥을 찬다.

38. 원투 스트레이트 & 왼발 미들킥 & 오른발 딥(원투 리드 킥 리어 딥)

왼손 잽을 치고 / 오른손 크로스를 친 후 / 양 발의 위치를 바꾸어 / 왼발 미들킥을 차고 / 왼발 디디며 오른발 딥을 찬다.

 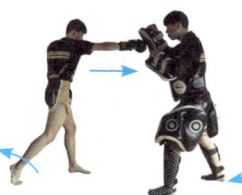   

왼손 잽을 치고 / 오른손 크로스를 친 후 / 양 발의 위치를 바꾸어 / 왼발 미들킥을 차고 / 왼발 디디며 오른발 딥을 찬다.

39. 왼손 플리커 잽 & 왼발 사이드킥(플리커 사이드)

  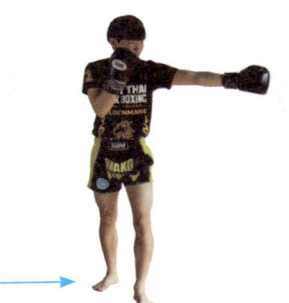 

몸을 옆으로 틀어주며   왼손 플리커 잽을 치고   오른발을 당겨와   왼발 사이드킥을 찬다.

몸을 옆으로 틀어주며   왼손 플리커 잽을 치고   오른발을 당겨와   왼발 사이드킥을 찬다.

40. 왼손 훅 & 오른발 백스핀 사이드킥(훅 백)

왼손 훅을 치고

왼발을 우전방으로 옮기고 몸을 오른쪽으로 뒤로 돌려

오른발 백스핀 사이드킥을 찬다.

왼손 훅을 치고

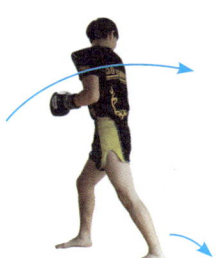

왼발을 우전방으로 옮기고 몸을 오른쪽으로 뒤로 돌려

오른발 백스핀 사이드킥을 찬다.

41. 잽 & 왼발 니킥(원 리드 카오)

왼손 잽을 치고

오른발을 앞으로 이동하며

왼발 니킥을 친다.

왼손 잽을 치고

오른발을 앞으로 이동하며

왼발 니킥을 친다.

42. 원투 스트레이트 & 왼발 니킥(원투 리드 카오)

 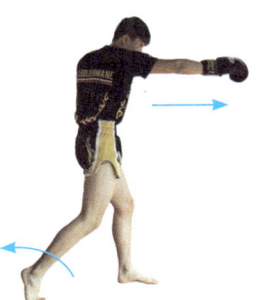  

왼손 잽을 치고   오른손 크로스를 친 후   양 발의 위치를 바꾸어   왼발 니킥을 친다.

 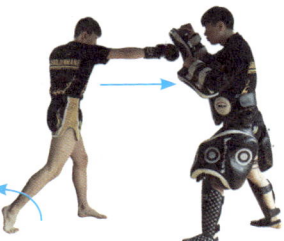  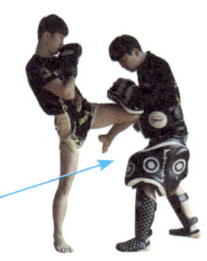

왼손 잽을 치고   오른손 크로스를 친 후   양 발의 위치를 바꾸어   왼발 니킥을 친다.

43. 오른손 크로스 & 왼손 훅 & 오른발 니킥(투 훅 리어 카오)

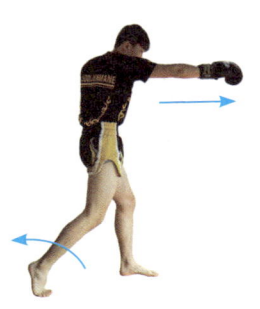
오른손 크로스를 치고

왼손 훅을 친 후

왼발을 앞으로 이동하며

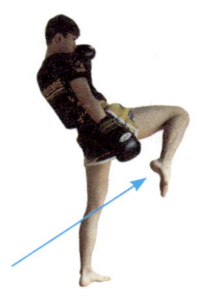
오른발 니킥을 친다.

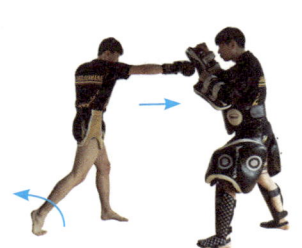
오른손 크로스를 치고

왼손 훅을 치고

왼발을 앞으로 이동하며

오른발 니킥을 친다.

44. 원투 스트레이트 & 오른발 미들킥 & 오른손 크로스 & 오른발 니킥 (원투 리어 킥 투 리어 카오)

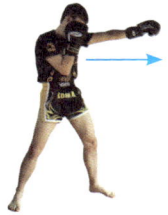 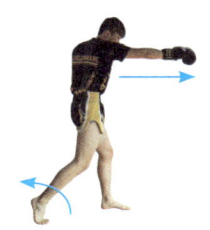  

| 왼손 잽을 치고 | 오른손 크로스를 치고 | 왼발을 앞으로 이동하며 | 오른발 미들킥을 찬 후 |

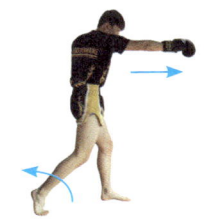  

오른발 디디며 준비 자세로 돌아와 다시 오른손 크로스를 치고 | 왼발을 앞으로 이동하며 | 오른발 니킥을 친다.

 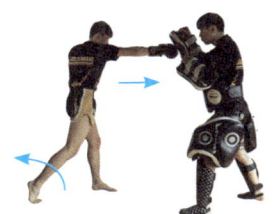 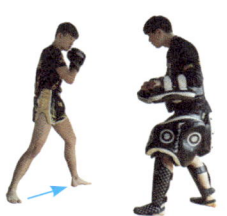 

왼손 잽을 치고 | 오른손 크로스를 치고 | 왼발을 앞으로 이동하며 | 오른발 미들킥을 찬 후

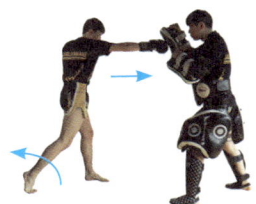  

오른발 디디며 준비 자세로 돌아와 다시 오른손 크로스를 치고 | 왼발을 앞으로 이동하며 | 오른발 니킥을 친다.

45. 원투 스트레이트 & 클린치 & 오른발 니킥 & 왼발 니킥(원투 빰 카오 더블)

왼손 잽을 치고

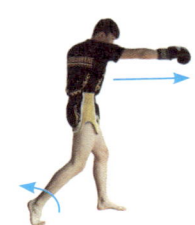

오른손 크로스를 치고

상대 목을 클린치로 잡아

오른발 니킥을 치고

양 발의 위치를 바꾸어

왼발 니킥을 친다.

왼손 잽을 치고

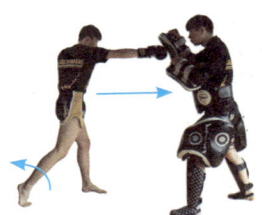

오른손 크로스를 치고

상대 목을 클린치로 잡아

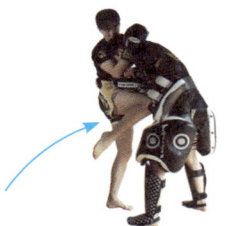

오른발 니킥을 치고

양 발의 위치를 바꾸어

왼발 니킥을 친다.

46. 원투 스트레이트 & 클린치 & 오른발 니킥 & 왼발 니킥 & 오른손 크로스 & 클린치 & 왼발 니킥 & 오른발 니킥(원투 빰카오 더블 투 빰카오 더블)

 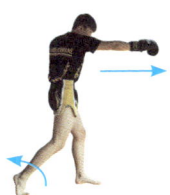    

왼손 잽을 치고 | 오른손 크로스를 치고 | 상대 목을 클린치로 잡아 | 오른발 니킥을 치고 | 양 발의 위치를 바꾸어 | 왼발 니킥을 친다.

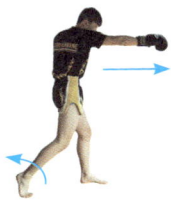     

다시 오른손 크로스를 치고 | 상대 목을 클린치로 잡아 | 양 발의 위치를 바꾸어 | 왼발 니킥을 치고 | 다시 양 발의 위치를 바꾸어 | 오른발 니킥을 친다.

왼손 잽을 치고 | 오른손 크로스를 치고 | 상대 목을 클린치로 잡아 | 오른발 니킥을 치고 | 양 발의 위치를 바꾸어 | 왼발 니킥을 친다.

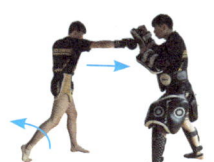     

다시 오른손 크로스를 치고 | 상대 목을 클린치로 잡아 | 양 발의 위치를 바꾸어 | 왼발 니킥을 치고 | 다시 양 발의 위치를 바꾸어 | 오른발 니킥을 친다.

47. 원투 스트레이트 & 클린치 & 오른발 니킥 & 왼발 니킥 & 밀어내기 & 오른발 하이킥(원투 빰 카오 더블 푸시 하이)

 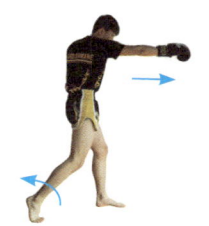  

왼손 잽을 치고   오른손 크로스를 치고   상대 목을 클린치로 잡아   오른발 니킥을 치고

양 발의 위치를 바꾸어   왼발 니킥을 친다.   상대를 밀어내고   오른발 하이킥을 찬다.

왼손 잽을 치고   오른손 크로스를 치고   상대 목을 클린치로 잡아   오른발 니킥을 치고

  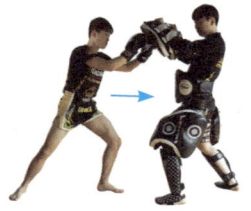 

양 발의 위치를 바꾸어   왼발 니킥을 친다.   상대를 밀어내고   오른발 하이킥을 찬다.

48. 원투 스트레이트 & 클린치 & 오른발 니킥 & 오른발 니킥 & 왼손 잽 & 오른손 바디샷 & 왼손 훅(원투 빰 카오 리어 더블 잽 리어 바디 훅)

 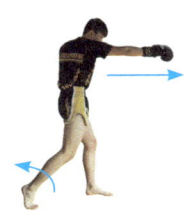   

왼손 잽을 치고 / 오른손 크로스를 치고 / 상대 목을 클린치로 잡아 / 오른발 니킥을 치고 / 오른발을 뒤로 빼어 디뎠다가

  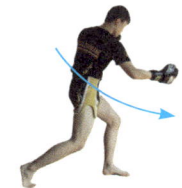 

다시 오른발 니킥을 친다. / 왼손 잽을 치고 / 오른손 바디샷을 친 후 / 왼손훅을 친다.

 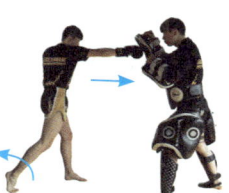  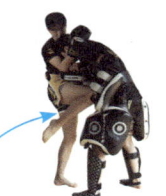 

왼손 잽을 치고 / 오른손 크로스를 치고 / 상대 목을 클린치로 잡아 / 오른발 니킥을 치고 / 오른발을 뒤로 빼어 디뎠다가

다시 오른발 니킥을 친다. / 왼손 잽을 치고 / 오른손 바디샷을 친 후 / 왼손훅을 친다.

49. 원투 스트레이트 & 클린치 & 왼발 니킥 & 왼발 니킥 & 밀어내기 & 오른발 로우킥(원투 빰 카오 리드 더블 푸시 로우)

 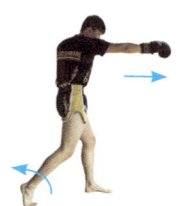   

왼손 잽을 치고 오른손 크로스를 치고 상대 목을 클린치로 잡아 양 발의 위치를 바꾸어 왼발 니킥을 치고

  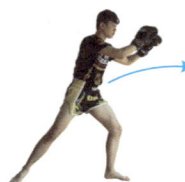 

왼발을 뒤로 빼어 디뎠다가 다시 왼발 니킥을 친다. 상대를 밀어내고 오른발 로우킥을 찬다.

 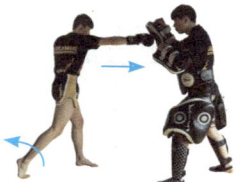   

왼손 잽을 치고 오른손 크로스를 치고 상대 목을 클린치로 잡아 양 발의 위치를 바꾸어 왼발 니킥을 치고

양 발의 위치를 바꾸어 왼발 니킥을 친다. 상대를 밀어내고 오른발 로우킥을 찬다.

50. 오른발 미들킥 & 오른손 크로스 & 클린치 & 오른발 니킥 & 왼발 니킥 & 오른손 크로스 & 왼손 어퍼컷 & 오른발 로우킥 (리어 킥 투 빰 카오 더블 투 업 로우)

  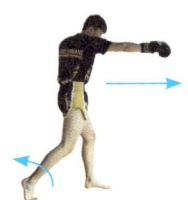  

왼발을 앞으로 이동하며 / 오른발 미들킥을 차고 / 오른발을 디디고 준비 자세로 돌아와 오른손 크로스를 치고 / 상대 목을 클린치로 잡아 / 오른발 니킥을 치고

  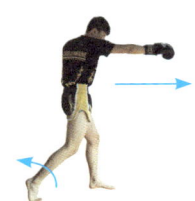  

양 발의 위치를 바꾸어 / 왼발 니킥을 친다. / 다시 오른손 크로스를 치고 / 왼손 어퍼컷을 친 후 / 오른발 로우킥을 찬다.

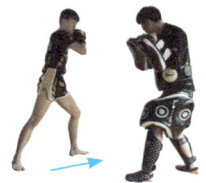  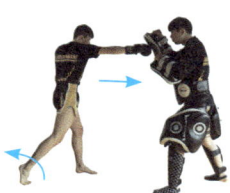  

왼발을 앞으로 이동하며 / 오른발 미들킥을 차고 / 오른발을 디디고 준비 자세로 돌아와 오른손 크로스를 치고 / 상대 목을 클린치로 잡아 / 오른발 니킥을 치고

  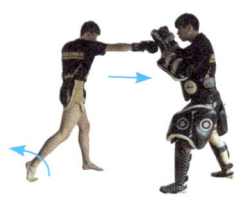 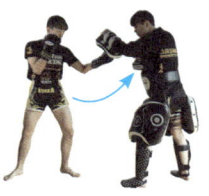 

양 발의 위치를 바꾸어 / 왼발 니킥을 친다. / 다시 오른손 크로스를 치고 / 왼손 어퍼컷을 친 후 / 오른발 로우킥을 찬다.

51. 잽 & 오른손 엘보우 훅(원 리어 타드)

 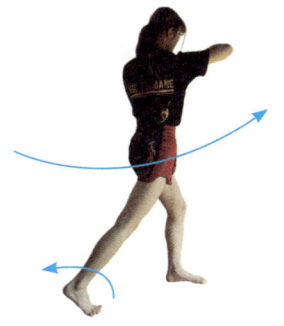

왼손 잽을 치고 앞으로 이동하며 오른손 엘보우 훅을 친다.

왼손 잽을 치고 앞으로 이동하며 오른손 엘보우 훅을 친다.

52. 잽 & 왼손 엘보우 훅(원 리드 타드)

왼손 잽을 치고

앞으로 이동하며 왼손 엘보우 훅을 친다.

왼손 잽을 치고

앞으로 이동하며 왼손 엘보우 훅을 친다.

53. 잽 & 왼손 엘보우 어퍼컷(원 리드 느갓)

왼손 잽을 치고

앞으로 이동하며 왼손 엘보우 어퍼컷을 친다.

왼손 잽을 치고

앞으로 이동하며 왼손 엘보우 어퍼컷을 친다.

54. 왼손 엘보우 어퍼컷 & 오른손 로테이팅 엘보우(느갓 쏙)

왼손 엘보우 어퍼컷을 올려치고

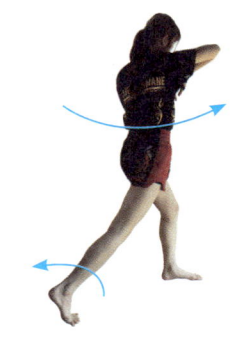

오른손 로테이팅 엘보우를 내려 찍는다.

왼손 엘보우 어퍼컷을 올려치고

오른손 로테이팅 엘보우를 내려 찍는다.

55. 오른손 엘보우 어퍼컷 & 오른손 로테이팅 엘보우(리어 느갓 쏙)

 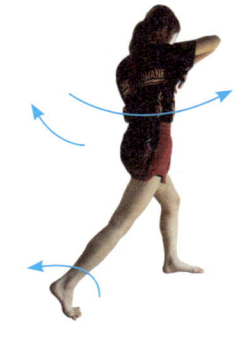

오른손 엘보우 어퍼컷을 올려치고 오른손 로테이팅 엘보우를 내려 찍는다.

오른손 엘보우 어퍼컷을 올려치고 오른손 로테이팅 엘보우를 내려 찍는다.

56. 왼손 엘보우 훅 & 오른손 엘보우 어퍼컷(타드 느갓)

왼손 엘보우 훅을 치고

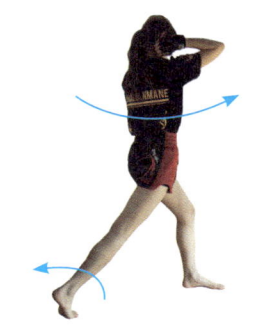

오른손 엘보우 어퍼컷을 올려친다.

왼손 엘보우 훅을 치고

오른손 엘보우 어퍼컷을 올려친다.

57. 오른손 로테이팅 엘보우 & 오른손 리버스 엘보우(쏙 위앵)

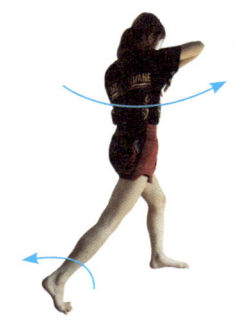  

오른손 로테이팅 엘보우를 내려 찍고   몸을 옆으로 틀어   오른손 리버스 엘보우를 친다.

오른손 로테이팅 엘보우를 내려 찍고   몸을 옆으로 틀어   오른손 리버스 엘보우를 친다.

58. 왼발 딥 & 오른손 점핑 엘보우(딥 통)

왼발 딥으로 상대를 밀어내고   상대를 향해 뛰어 올라   오른손 점핑 엘보우로 내려친다.

 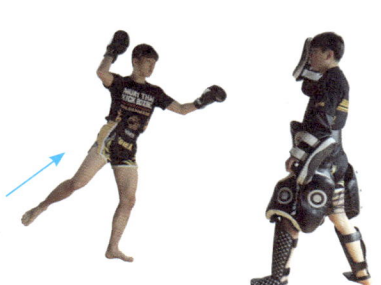 

왼발 딥으로 상대를 밀어내고   상대를 향해 뛰어 올라   오른손 점핑 엘보우로 내려친다.

59. 12 LH RKI 원투 스트레이트 & 왼손 훅 & 오른손 스피닝 엘보우(원투훅 클랍)

| 왼손 잽을 치고 | 오른손 크로스를 친 후 | 다시 왼손 훅을 치고 | 몸을 오른쪽 뒤로 돌려 오른손 스피닝 엘보우를 친다. |

 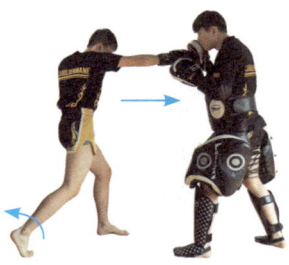  

| 왼손 잽을 치고 | 오른손 크로스를 친 후 | 다시 왼손 훅을 친다. | 몸을 오른쪽 뒤로 돌려 오른손 스피닝 엘보우를 친다. |

60. 원투 스트레이트 & 오른발 미들킥 & 오른손 크로스 & 클린치 & 오른발 니킥 & 왼발 니킥 & 오른손 로테이팅 엘보우 & 왼손 엘보우 어퍼컷(원투 리어 킥 투 빰 카오 더블 쏙 느갓)

    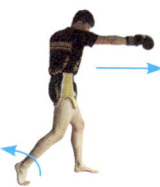 

왼손 잽을 치고 / 오른손 크로스를 치고 / 왼발을 앞으로 이동하며 / 오른발 미들킥을 차고 / 오른발을 디디고 준비 자세로 돌아와 오른손 크로스를 치고 / 상대 목을 클린치로 잡아

오른발 니킥을 치고 / 양 발의 위치를 바꾸어 / 왼발 니킥을 친다. / 발을 디디고 준비 자세로 돌아와 오른손 로테이팅 엘보우를 치고 / 왼손 엘보우 어퍼컷을 올려 친다.

 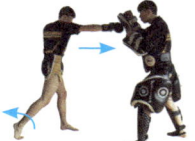 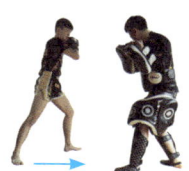  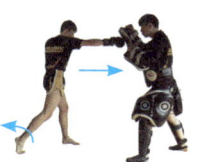

왼손 잽을 치고 / 오른손 크로스를 치고 / 왼발을 앞으로 이동하며 / 오른발 미들킥을 차고 / 오른발을 디디고 준비 자세로 돌아와 오른손 크로스를 치고 / 상대 목을 클린치로 잡아

오른발 니킥을 치고 / 양 발의 위치를 바꾸어 / 왼발 니킥을 친다. / 발을 디디고 준비 자세로 돌아와 오른손 로테이팅 엘보우를 치고 / 왼손 엘보우 어퍼컷을 올려친다.

14 출전 준비

1. 체중 감량 - 체중을 줄이는 이유와 안전한 감량 방법

킥복싱에 출전하는 선수들은 평상시 자신의 체중보다 몸무게를 줄여서 경기에 출전하는 것이 일반적입니다.

평소 체중이 70kg 정도 나가는 선수라면 63.5kg 이나 65kg 정도로 체중을 감량하게 됩니다. 스포츠 분야의 학자들은 경기 전 감량을 할 때 건강을 위해서라도 평소 체중의 5% 이내로 감량 하라 권하지만, 대부분의 선수와 지도자들은 5% 이상의 체중을 줄이는 경우가 대부분입니다.

이처럼 경기에 출전하기에 앞서 자신의 체중에서 적게는 3, 4kg에서 많게는 10kg 넘게 감량을 실시하는 이유는 "보다 가벼운 체중의 아래 체급으로 출전해서 신체적 우위를 살리기 위한 전략적인 행동"이기 때문입니다.

물론 좀 더 다른 이유도 있을 수 있습니다.

가령 예를 들어 160cm 정도로 단신에 몸무게가 65kg 정도 나가는 선수가 있는데 65kg 급의 선수들은 하나 같이 키가 175cm~180cm 정도 되는 지라, 키와 리치의 차이 때문에 오는 경기력의 불리함을 이기지 못해 그나마 비슷한 신체 사이즈를 지닌 55kg 급으로 감량을 하게 되는 경우도 있을 것입니다.

또는 현재 체급의 경쟁자들이 너무 막강해서 다른 체급으로 전향하기 위해 감량할 수 있을 것입니다.

이처럼 감량을 할 때 무작정 "나는 평소 70kg 이니까 65kg으로 감량하고 대회에 나가야지." 라고 결정하기보다는, 자신의 경기력이 최상으로 발휘될 수 있는 적절한 시합 체중을 미리 확인하고, 평상시 언제든 시합 체중까지 안전하게 감량 할 수 있을 정도의 체중을 유지하며 생활하다가 대회를 앞두고 최상의 시합 체중으로 감량하도록 하는 것이 보다 바람직할 것입니다.

체중 감량은 적어도 경기 2주 전부터는 실시하는 것이 좋습니다.

체중 감량을 위한 가장 좋은 방법 첫 번째는 땀복 등 땀을 충분히 흘릴 수 있도록 옷을 두껍게 입고 훈련을 하는 것입니다. 달리기를 하거나 줄넘기를 할 때, 킥복싱 훈련을 할 때에도 언제나 땀을 더 낼 수 있도록 옷을 많이 입고 훈련하게 되면 평상시보다 더 빠른 체중 감량 효과를 보게 될 것입니다.

두 번째는 식이요법인데, 아예 굶어서 살을 빼는 것이 아니라 평상시 식사량보다 적게 먹고 음식의

식단을 조절하는 것이 중요합니다. 당연히 밀가루 음식과 튀김 등 지나치게 기름진 음식, 인스턴트 음식, 찌개 등 소금, 나트륨 등 염분이 많이 들어간 음식, 소스, 양념이 많이 들어간 음식, 탄산음료 등은 피해야 합니다.

탄수화물 섭취량은 줄이고 쌀밥 대신 현미밥이나 고구마 등을 섭취하는 것이 좋습니다.

두부, 닭가슴살, 소고기, 생선 등 단백질과 토마토, 시금치, 오이 등 야채 섭취량은 늘리고, 물도 많이 마시도록 합니다.

감량을 하며 과일을 먹는 사람도 있는데, 오히려 당분이 많이 함유된 과일은 체중 감량에 방해가 될 수 있습니다.

대회 출전을 준비하며 체중 감량을 시작할 때는 전보다 운동량을 줄이는 것이 좋습니다.

감량을 시작하면 근력과 민첩성 등이 떨어지게 되고 심리적으로도 불안정해 질 수 있기 때문에, 높은 강도의 출전 준비 훈련은 본격적인 감량 이전에 마무리하고 감량을 시작하면서부터는 서서히 운동량과 운동 강도를 줄이고 휴식 시간을 많이 가질 수 있도록 해야 합니다.

특히 수면이 중요한데, 체중을 감량하면 그만큼 신체 에너지가 저하될 것입니다. 체중 감량 기간에는 규칙적인 시간의 숙면을 통해 에너지를 충전하고 컨디션을 조절할 수 있도록 해야 합니다. 당연히 술, 담배 등은 금물입니다.

대회 일정을 얼마 남겨 두지 않은 상황에서 계획했던 만큼 체중 감량이 되지 않는 경우는 식사량을 줄이고 물의 섭취도 줄이도록 합니다. 물 대신 레몬즙을 마시는 것도 방법이 될 수 있습니다.

급격한 체중 감량을 위해 사우나를 찾는 경우도 있는데, 이 때 무리하게 사우나에 오래 있으면 빈혈이 일어날 수 있으므로 주의해야 합니다.

체중 감량은 되도록 성인 선수들을 대상으로 실시하도록 하고, 청소년이나 어린 나이의 선수들은 이와 같이 체중 감량을 하지 않는 것이 좋습니다. 어린 나이부터 무리한 체중 감량을 하다 보면 건강을 해칠 수 있고 성장 발육에도 문제가 있을 수 있습니다.

2. 계체량 - 대회 출전을 위한 마지막 관문

계체량은 선수가 시합 체중을 맞는 몸무게인지 확인하는 절차입니다.

격투 스포츠는 두 선수의 기량이 비슷하다면 무게와 리치 등 신체 조건이 우월한 사람이 훨씬 유리한 경우가 많습니다.

평상시 80kg 정도의 체중의 선수가 감량을 하고 70kg 급 경기에 출전해 계체를 무사히 통과한 후 24시간 후 경기 시작 전까지 다시 80kg에 가까운 무게로 회복할 수 있다면, 이 선수는 70kg의 힘이 아니라 80kg의 힘을 내며 물리적으로 더 큰 힘을 발휘할 수 있을 것입니다.

이런 이유로 선수들이 무리하게 체중을 감량하려는 것입니다.

만일 시합 체중이 -70kg라면 경기에 출전하는 선수는 70kg보다 가벼우면 상관없지만 0.1g이라도 더 무거우면 안 됩니다.

시합 체중보다 몸무게가 무거워서 계체량을 통과하지 못한 선수는 일정 시간 이후 다시 계체량을 하게 되고, 이때에도 통과하지 못하게 되면 경기에서 감점 등의 페널티를 부여 받게 되거나, 경기에 출전할 수 없게 실격되기도 합니다.

그래서 계체량 중에는 조금이라도 체중이 오버될까봐 간혹 속옷까지 모두 탈의 하고 계체를 하는 선수들도 있습니다.

(여자 선수의 계체시에나 아마추어 대회의 경우 구지 탈의를 하지 않아도 되도록 500g 정도까지 여유를 허용해 주는 경우도 있습니다.)

계체량의 방식은 대회 마다 조금씩 차이가 있습니다.

프로 대회의 경우 거의 대부분 24시간 전 계체량 실시하고 있습니다.

엘리트, 아마추어, 생활 체육 대회의 경우에는 프로 대회와 같이 24시간 전 계체량을 하기도 하고, 대회 당일 계체량을 하는 경우도 있습니다.

대게 본 계체량 행사 전에 공식 체중계에서 체중을 확인할 수 있는 시간이 있습니다. 이 때 최종적으로 체중을 확인하고 계체량에 임합니다. 만일 계체량 당일까지도 시합 체중을 맞추지 못했다면 본 계체량 행사 전까지 달리기를 하든 운동을 하든 무어라도 해서 조금이라도 더 체중을 줄여야 합니다.

계체량에서 공식 체중계에 올라갈 때에는 조금이라도 무게를 줄이기 위해 옷을 탈의하고 속옷만 입고 체중계에 올라가게 됩니다. 시합 체중까지 여유가 많다면 옷을 입은 채로 체중계에 올라가도 상관없습니다. 만일 속옷까지 벗어야 하는 상황이 벌어질 수 있으니 미리 크고 넓은 담요나 천을 준비해 계체량 시 선수를 가려줄 수 있도록 하면 좋겠습니다.

일반적으로 계체량 이후 선수, 지도진에 대한 룰 미팅(대회 경기 규정에 대한 설명)이 진행되며, 프로 대회의 경우 기자 회견과 사진 촬영 등의 순서로 이어지게 됩니다.

3. 계체 후부터 경기 전까지

계체 후부터 선수들은 마음껏 음식물을 먹을 수 있습니다.

고된 감량의 시간이 모두 끝난 것입니다.

선수들은 이제 감량한 무게를 다시 평상시 체중까지 회복할 수 있도록 해야 합니다.

이 과정을 '리바운딩', 혹은 '리게인' 이라고 부릅니다.

단, 그렇다고 갑자기 아무 음식이나 막 먹는 것은 좋지 않습니다.

우선 감량으로 인해 인체의 수분이 많이 빠져있을 테니 우선적으로 물과 수분부터 마셔주는 것이 좋습니다.

이 때 되도록 카페인과 알콜, 탄산 등은 피하고 생수나 이온 음료 등을 섭취합니다.

많은 체중 감량으로 인해 수분과 혈당의 손실이 있을 수도 있으니 포도당 주사 등을 맞는 것도 좋습니다.

음식을 먹을 때에도 우선 몸에 부족해진 당을 보충하기 위해 과일 등을 먹거나, 죽과 같이 소화가 잘 되는 음식을 먼저 먹어주는 것이 좋습니다. 초콜릿을 먹거나, 당분과 미네랄, 비타민이 함유된 보충제를 먹는 경우도 있습니다.

이후 식사를 마음껏 해도 좋지만 체중 감량 기간 동안 제대로 먹지 않다가 갑작스레 많은 음식물을 먹게 되면 도리어 탈이 날 수 있으니 과식에 주의해야 합니다.

이렇게 감량 끝, 계체 후 식사까지 마쳤다면 대회 당일까지 충분한 수면과 휴식을 취합니다.

대회 당일 식사는 되도록 가볍게 먹고, 경기 3시간 전 이후로는 음식물 섭취를 자제해야 합니다.

간혹 선수들 중에서는 시합에 대한 부담감과 스트레스로 음식물을 제대로 소화하지 못하고 탈이 나는 경우도 있기 때문에, 선수의 컨디션을 확인해 주며 대회 당일 식사에도 주의를 요해야 합니다.

4. 경기 전 준비물

시합 전 반드시 준비해야 할 물품들은 다음과 같습니다.

1) 선수가 준비해야 할 준비물

- 트렁크
- 경기 복장 및 출전 의상 (몽콘, 프랏치악 등의 무에타이 장신구를 준비할 수도 있다)
- 핸드랩
- 마우스피스
- 낭심보호대
- 기타 보호장구류 (아마추어, 생활체육 대회의 경우 정강이 보호대, 발등 보호대 등을 선수 본인이 지참하도록 하는 경우가 있다.)

※ 글러브의 경우 거의 모든 대회에서 주최 측이 지급하기 때문에 구지 준비하지 않아도 된다. 단, 대회장에서 경기 전 미트 훈련 등 웜업을 위해 개인 글러브를 지참해도 좋다.

2) 트레이너 준비물

- **매트:** 대회장을 가게 되면 선수 대기실에 선수용 락커, 의자, 맛사지 베드 등 선수를 위한 준비가

잘 되어 있는 경우도 있지만, 그렇지 않은 곳이 대부분이다. 선수가 대기하며 앉거나 누워서 쉬거나 맛사지를 받을 수 있도록 요가 매트를 준비하면 좋다.

- **담요:** 선수 대기실의 상태에 따라, 혹은 대회 당일 기온에 따라 선수 체온을 유지해 주어야 하는 상황이 있을 수 있다. 선수가 경기 전까지 몸의 체온을 충분 끌어 올리고 유지할 수 있도록 담요를 준비하면 좋다.
- **마사지 오일:** 보통 타이 오일이라고 불리는 마사지 오일은 몸에 열을 내어 근육과 관절을 빠르게 이완시켜준다. 웜업 전에 맛사지를 할 수 있도록 준비한다.
- **위생 장갑, 수술용 장갑:** 트레이너가 맛사지를 할 때 사용하거나, 경기 중 선수의 상처를 돌봐야 할 때를 대비해 준비한다.
- **바세린:** 선수 안면 부위 부상을 예방하기 위해 바세린을 바르는데, UFC와 같은 종합 격투기의 경우 선수가 출전할 때 심판이 직접 선수의 얼굴에 발라주지만 입식 격투 대회에서는 아직까지 경기 전 트레이너가 선수에게 직접 바세린을 발라주고 있다. 또한 경기 중 커팅 등 부상 시에도 사용해야 하므로 반드시 준비한다.
- **물병:** 경기 중간 휴식 시간에 선수에게 물을 줄 수 있도록 물병을 준비한다.
- **타올:** 경기 중간 휴식 시간에 선수의 몸을 닦아 줄 때 사용한다. 또는 경기 포기, 기권을 선언할 때 링 안으로 타올을 던지기도 한다.
- **휴지, 물티슈:** 자질구레한 시합 준비에 많이 쓰인다. 꼭 준비하도록 한다.
- **분무기:** 경기 중간 휴식 시간에 선수의 몸을 식혀주거나 닦아 줄 수 있도록 준비한다.
- **약품:** 상처 연고, 밴드, 면 테이프, 붕대, 스프레이 파스, 야돔(코를 시원하게 해주어 호흡이 원활해지도록 도와주는 허브 제품, 비염을 가진 선수들에게 좋다. 야돔 대신 암모니아 액을 사용할 수도 있는데 그 냄새가 너무 강하기 때문에 유의해야 한다.) 보스민 솔루션(지혈제) 등을 미리 준비한다. 보통 대회사 측에서 의료진과 약품을 준비하지만 늘 상비 약품은 미리 준비해 두는 것이 좋다.
- **얼음 주머니:** 경기 중간 휴식 시간에 선수의 몸을 식혀주거나 상대에게 공격 받은 부위, 부상 부위에 얼음을 대주어 응급 처치할 수 있도록 준비한다.
- **면봉:** 선수가 안면부 커팅 등을 당했을 때 바세린이나 보스민 솔루션을 발라줘야 하는 상황에 사용

한다.
- **엔드 스웰:** 선수가 안면부에 타격을 입고 붓게 될 때 얼음 주머니처럼 사용하거나, 커팅으로 상처가 벌어진 부분에 바세린이나 보스민 액을 바르고 엔드 스웰로 대주어 순간적으로 혈액을 응고시키고 혈관을 수축시켜 지혈하는데 사용한다.
- **미트 등 훈련 장비:** 선수는 경기 전까지 경기 감각을 최상의 상태로 유지할 수 있어야 한다. 트레이너는 미트 등 훈련 장비를 준비하여 대회장에서도 미트 등으로 훈련을 실시하며 선수의 컨디션을 유지할 수 있도록 해야 한다.

5. 경기 당일 건강 검진

선수들은 대회 경기 당일 건강 검진을 받게 됩니다.

대회사 측에서 초빙한 전문의나 보건의에 의해 혈압 등을 확인 받고 문진을 통해 경기에 출전해도 문제없는지 이상 여부를 확인 받습니다.

경기 전 건강 검진은 매우 당연한 과정이며 선수 보호를 위한 첫 번째 준비입니다.

6. 경기 전 대기

건강 검진 후 선수들은 대회 시작에 앞선 최종 리허설 등에 참가 한 뒤 경기 출전 준비를 하게 됩니다.

경기 출전을 준비하는 루틴(Routine)은 선수 개개인마다 모두 다른데, 일반적으로 선수들이 공통적으로 경기 준비 과정에서 임하는 행동들에 대해 차례대로 기술하겠습니다.

- 경기 복장으로 갈아입는다. 기온에 따라 옷을 더 입고 있어도 괜찮다.
- 마사지 오일로 마사지를 한다. 이 때 마사지 오일 이외에 바세린 등을 섞어 바를 수도 있는데, 경

기 몇 시간 전에 바르는 것은 상관없지만 경기 직전에 오일과 바세린을 섞어 바르면 피부가 매우 미끄러워지기 때문에, 대회사 측에서는 경기 출전 직전 선수의 피부 상태를 확인해 피부가 너무 미끄러운 선수의 몸을 타올로 닦아내기도 한다.

- 가벼운 줄넘기, 달리기를 실시한다. 체온과 호흡을 올리기 위한 웜업으로서 가볍게 실시해야 한다.
- 스트레칭으로 몸을 풀어준다.
- 밴디지, 핸드랩을 감는다.
- 쉐도우 파이팅을 실시한다. 경기 전략을 다시 한번 숙지하며 이미지 트레이닝을 실시한다.
- 트레이너와 함께 미트 훈련을 실시한다. 체력이 떨어질 정도로 과하게 해서는 안된다.
- 경기 출전 때까지 가볍게 몸을 움직이며 몸이 충분히 이완되고 체온과 호흡이 올라온 상태를 유지한다.

경기 시작 시간에 맞춰 잠을 자거나 휴식을 취할 수도 있을 것입니다.

경기 전에 음식물을 먹거나 카페인, 알콜을 섭취하거나 흡연을 하는 등의 행동은 경기력에 지장을 줄 수 있으므로 삼가야 합니다.

7. 핸드랩 글러브 체크

대부분의 킥복싱 대회는 글러브를 대회사측에서 제공합니다.

물론 경기 때에만 쓰고 경기 후에는 반납해야 하는 방식입니다.

글러브를 지급 받기 전 대회사측에서 먼저 밴디지, 핸드랩 상태를 확인합니다. 핸드랩 이외에 이물질이 들어있지 않은지, 너클파트 부위에 지나치게 테이핑이 되어 있지는 않은지 확인하고 이상 없을 시 글러브를 지급합니다.

프로 경기의 경우 글러브를 착용한 후에 글러브가 벗겨지거나 벨크로 부위에 피부가 쓸리지 않도록 면테이프로 벨크로 접착 부위를 둘러주기도 합니다.

8. 출전

경기 출전에 앞서, 마지막으로 트레이너는 선수의 안면에 바세린을 발라줍니다.

눈썹, 이마, 광대뼈, 턱 등에 얇게 펴 발라주는데, 이는 혹시 모를 커팅 등 피부가 찢어지는 부상을 예방하기 위함입니다.

하지만 공방 도중 상대방의 글러브에 바세린이 묻었다가 도로 자신의 눈에 바세린이 묻는 경우도 발생할 수 있기 때문에 지나치게 바세린을 많이 바르지 않도록 합니다.

이제 그토록 힘들게 준비해온 시합이 시작됩니다.

선수들 모두에게 행운이 있기를 기원합니다.

15 경기 전략

1. 경기 전략을 준비하라

군사용어에서 '전략(Strategy)'이란 "목표를 이루기 위한 계획"이라면 '전술(Tactics)'이란 "전략을 행하는 방법과 기술"을 뜻합니다.

킥복싱도 싸움이고 전쟁이라면 목표가 있고 전략이 있고 전술이 있어야 그 싸움을 자신이 원하는 대로 체계적이고 유리하게 이끌어 나가 끝내 승리할 수 있을 것입니다.

킥복싱 경기를 하는 목표는 무엇일까요?

> ※ 킥복싱 경기의 목표

- 상대보다 더 많은 공격을 적중시킨다.
- 상대를 쓰러뜨린다.
- 경기에서 승리한다.

최종적인 목표는 이 세 가지로 귀결될 수 있을 것입니다.

그렇다면 킥복싱 경기에서 상대보다 더 많은 공격을 적중시키고, 상대를 쓰러트리고, 결국 경기에서 승리하기 위한 전략은 무엇이고, 이를 위한 전술은 어떤 것일까요?

이를 위한 준비는 손자병법 '모공' 편에 나오는 유명한 구절, "지피지기 백전불태(知彼知己 百戰不殆)", "적을 알고 나를 알면 백번을 싸워도 위태롭지 않다."라는 말로부터 시작해야 합니다.

즉, 자신의 상태와 능력, 자신의 장점과 단점 등을 알고, 그 후 상대를 파악하는 과정이 선행이 되어야 한다는 뜻입니다.

그럼 먼저 자기 자신을 확인하는 과정, 그 전략과 전술의 준비를 알아보겠습니다.

(1) 나의 경기 전략을 결정하고 준비하라

우선 내가 경기 할 스타일을 정해봅시다.

당신은 어떤 스타일의 싸움을 좋아합니까? 서로 맞붙어 치고 받고 하는 것을 즐기는 편입니까, 아니면 치고 빠지는 것을 선호하는 편입니까? 펀치 공격을 잘 하는 편입니까, 아니면 킥을 잘 쓰는 편입니까? 당신은 스텝을 빠르게 뛰며 많이 움직이는 편입니까, 아니면 상대와 거리를 두고 천천히 움직이는 편입니까?

당신이 좋아하는 스타일이 바로 당신의 경기 전략이 될 것입니다.

1) 인파이터

> 대표적인 킥복서: 레이 세포, 제롬 르 밴너

인파이터는 강력한 타격 능력과 견고한 가드를 바탕으로 상대와 근거리에서의 난타전도 불사하는 저돌적인 스타일의 킥복서 입니다.

인파이터는 순간적으로 공격 거리 안으로 뛰어 들어가 공격을 주로 펼치는데, 그 와중에 자신도 상대의 많은 공격에 노출되는 위험이 따르므로 웬만한 타격에 버틸 수 있는 충분한 내구력을 갖고 있어야 합니다.

2) 아웃파이터

> 대표적인 킥복서: 바다 하리, 아르템 레빈

아웃 파이터는 기민한 풋워크를 통해 상대방과의 거리를 유지하며 예리하고 정교한 공격을 통해 경기를 풀어나가며 상대의 공격을 회피 위주로 방어하는, 이른바 '치고 빠지는' 스타일의 킥복서 입니다.

때문에 아웃 파이터는 원거리에서 사용할 수 있는 무기들, 스트레이트, 딥, 킥 등에 능해야 하며, 경기 내내 상대방과 거리를 유지하기 위해 먼저 움직여야 하기 때문에 그만큼 체력이 바탕이 되어야 하는 스타일입니다.

3) 카운터 파이터

> 대표적인 킥복서: 조르지오 페트로시안

카운터 파이터는 자신이 먼저 공격해 들어가기보다 상대의 움직임을 기다렸다가 그 공격을 방어하고 반격을 가하는 스타일의 킥복서 입니다.

다소 수동적이고 느릿 느릿한 모습을 보이는 스타일이라 여겨지기도 하지만, 상대의 움직임을 읽어 내는 동체 시력과 판단력, 그 움직임에 재빠르게 반응할 수 있는 민첩성이 바탕이 되지 않는다면 매우 구사하기 힘든 스타일입니다.

카운터 파이터는 먼저 공격하는 경우가 적은 대신, 상대의 공격 기술에 대한 방어 방법, 그에 대한 반격 방법을 확실히 숙달되어 있어야 합니다.

아웃 파이터와 유사한 스타일로 보일 수도 있지만 아웃 파이터가 상대와 거리 유지를 위해 부단한 풋 워크로 움직이며 '치고 빠지는' 스타일이라면, 카운터 파이터는 그보다 적게 움직이되, 순간적으로 폭발적인 스피드를 내며 방어와 반격을 연결하는, '기다렸다가 방어하고 받아 치는' 유형이라 할 수 있습니다.

4) 어드밴스 복서

> 대표적인 킥복서: 마사토, 알버트 크라우스, 마이크 잠비디스

어드밴스는 탄탄한 복싱 스킬을 바탕으로 다채로운 펀치 컴비네이션을 활용하는 스타일의 킥복서입니다.

복싱 기술이 좋은 대신 킥 기술이 부족한 사람들이 택하기 좋은 스타일입니다.

5) 낙무아이

> 대표적인 킥복서: 쁘아카오 반 차멕, 싯티차이 싯송피농

무에타이 스타일로 한 방 한 방 단발성의 강력한 타격을 치는 것을 즐겨하고 빰 클린치와 니킥, 엘보우 등을 활용한 근접전에 능한 스타일의 킥복서입니다.

펀치와 킥 이후에 물 흐르듯 상대를 클린치로 잡아 니킥과 팔꿈치로 연결하는 공격 흐름을 가지고 있고, 빰 클린치에 상당히 능숙하여 클린치 상태에서 상대방 힘의 흐름을 잘 컨트롤 하여 넘어뜨리거나 제압하는데 일가견이 있습니다.

6) 유러피언 테크니션

> 대표적인 킥복서: 어네스트 후스트, 닉키 홀츠켄

화려하고 정교한 펀치와 킥의 컴비네이션에 능숙한 스타일입니다.

힘으로 밀어 붙이기보다는 상대와의 수 싸움을 즐기며, 상당히 다양한 공격 루트를 통해 펀치와 킥, 니킥 등으로 위 아래로 정신없이 컴비네이션 공격을 퍼붓습니다.

펀치와 킥, 공격과 방어의 밸런스가 좋아야 하며, 다양한 기술을 경기 내내 꾸준히 구사하기 위해 무엇보다 체력이 뒷받침 되어야 하는 유형입니다.

7) 마샬아츠 플레이어

> 대표적인 킥복서: 레이먼드 대니얼스

펀치 스킬이나 복싱 스킬이 약한 대신 뒤돌려 차기나 엑스 킥과 같은 화려한 발기술, 태권도나 공수도 등 전통 무술의 기술들을 활용하는 스타일의 킥복서 입니다.

상당히 민첩하고 상대의 빈틈을 잘 파악하여, 일반적인 킥복싱에서 보기 어려운 예상하기 힘든 움직임들과 변칙적인 공격을 즐겨 사용합니다.

(2) 기본 공격 전략을 준비하라

경기에 나서는 사람은 펀치, 킥, 니킥, 엘보우 등 다양한 킥복싱의 기술들을 연습해 왔을 것입니다.
이제 이 기술들을 경기에서 실제로 사용해야 합니다.
과연 어떤 기술부터 사용하시겠습니까?
훅이라던지, 로우킥이라던지, 당연히 자신이 가장 많이 연습하고 가장 잘 한다고 생각하는 바로 그 기술이겠지요.
그렇다면 이 공격의 기술들을 어떻게 이용해야 할까요?

1) 공격을 시작하는 전술을 준비하라

자, 이제 '땡~!' 하고 첫 번째 라운드의 시작을 알리는 벨소리가 울리고, 이제 당신은 링 위에서 상대 선수와 마주서서 스텝을 밟고 있습니다.
그렇다면 당신은 공격의 포문을 무엇으로 열겠습니까?
왼손 잽? 왼발 딥? 원투 스트레이트를 강하게 꽂아 넣으며 시작해볼까요?
무엇이든 상관없습니다.
킥복싱이 경기가 아니라 수천, 수 만명의 군대끼리의 전투이고 당신의 몸은 한 부대의 군대이며, 지금 당신과 싸우는 상대 역시 적군의 군대라 비유 한다면 당신의 첫 번째 공격은 전진에 가장 먼저 돌격하는 아군의 최선봉 부대입니다.
적진으로 돌격하는 선봉 부대의 역할은 아군의 공격에 대한 상대의 반응과 움직임을 파악하고 상대의 예기(銳氣)를 꺾고 아군의 기세를 올리며 후속하는 주력 부대의 길을 열어주어야 합니다.
즉, 킥복싱 경기에서 첫 번째 공격이란 전쟁의 선봉 부대와 같이 상대의 대응 방식과 움직임을 가늠하고, 상대의 기를 꺾고 자신의 공격 기세를 이어갈 수 있도록 하며, 이어서 연결할 강한 기술들을 위한 'Set up(준비)' 의 발판이 되어야 한다는 것입니다.

이와 같은 첫 번째 공격으로, 당신은 어떤 기술을 선택하시겠습니까?

옛 전쟁에서 적에게 돌격하는 선봉 부대의 임무는 날랜 기병들이 맡았었고, 현대의 지상전에서는 전차와 장갑차, 공격 헬기로 무장한 빠른 기동력과 강한 화력의 기갑부대가 선봉 부대의 역할을 수행하고 있습니다.

킥복싱도 이와 마찬가지로 되도록 첫 번째 공격, 공격을 시작하는 기술은 체력 소모가 적으면서도 가볍고 빠르게 상대를 공략할 수 있는 기술이어야 합니다.

대게의 경우 왼손 잽, 왼발 딥과 같이 앞손, 앞발을 이용한 기술을 많이 활용하게 됩니다.

이 첫 번째 공격이 자신 있게 들어가면 이어지는 움직임들도 원활하게 연결할 수 있고, 상대가 함부로 공격할 엄두를 내지 못하게 견제할 수 있게 됩니다.

2) 주 공격 전술을 준비하라

선봉 부대가 적의 움직임을 파악하고 적의 기세를 꺾어 놓았다면, 이제 주력 부대가 본격적인 공격을 가할 차례가 됩니다.

첫 번째 공격이 들어갔다면, 강한 공격으로 연결하며 상대에게 데미지를 입힐 수 있어야 합니다.

이 공격은 무엇보다 가장 자신 있어 하고, 가장 강하다고 자부할 만한 공격이어야 합니다.

그것이 누구에게는 오른발 미들킥이 될 수도 있고, 누구에게는 오른손 크로스가 될 수도 있을 것입니다.

공격을 시작하는 기술에 이어 가장 자신 있어 하는 주 공격 기술을 날려 상대에게 큰 데미지를 안겨 주며 경기의 승기(勝氣)를 잡아야 합니다.

단, 매번 똑같은 방법만을 사용하는 것은 좋지 않습니다.

손자병법 '허실' 편에 전승불부(戰勝不復)라는 말이 나옵니다. "똑같은 승리는 다시 되풀이 되지 않는다." 즉, 매번 같은 방법을 사용해서는 이기기 힘들다, 라는 뜻입니다.

매 경기 마다 주 공격 전술을 똑같이 사용할 필요는 없습니다. 주 공격으로 사용할 기술은 당연히 자신이 잘하는 기술이겠지만, '전가의 보도'처럼 상대가 알아도 막지 못하는 기술이라도 결국 그 파훼법이 나오기 마련입니다.

어떤 경기 때에는 오른발 미들킥을 주 공격으로 사용하고, 어떤 경기 때에는 오른발 로우킥을 주 공격으로 사용하고……. 때로는 한 경기에서 각 라운드 마다 주 공격 기술을 바꾸어 활용하며 전술을 다변화 하는 것이 자신의 공격 기도(企圖)를 노출시키지 않고 자신과 싸우게 될 상대 선수들로 하여금 자신에 대한 파악을 어렵게 만드는 방법이라 할 수 있습니다.

3) 거리에 따른 공격 전술을 준비하라

기본 거리, 원거리, 근거리마다 사용할 기술들을 확실히 준비해야 합니다.

상대가 멀리 있는데 니킥을 치려 하면 턱없이 짧아 맞지 않을 것이고, 상대가 가까이 있는데 딥으로 밀어 차려하면 발을 올리기도 힘들 것입니다.

상대와의 거리에 따라 어떤 공격을 할지 결정해야 합니다.

기본 거리에서는 원투 스트레이트를, 원거리에서는 딥을, 근거리에서는 니킥과 엘보우를……

이처럼 각 거리에 따라 자신이 어떤 공격을 하리 미리 준비해야 합니다.

4) 컴비네이션을 준비하라

전쟁에서 승리하기 위해서는 상대를 혼란하게 하여 방어를 어렵게 만들어야 합니다.

한비자에는 '성동격서(聲東擊西)'라는 말이 나옵니다. 상대로 하여금 여기를 공격하는 것처럼 속이고 다른 곳을 공격하고, 이곳을 칠 것처럼 하고 저곳을 쳐서 상대의 방어를 흐트러트리는 것을 일컫는 말입니다.

강력한 단발 공격도 상대방을 힘들게 할 수 있지만, "동쪽을 치는 척하고 서쪽을 치는" 성동격서라는 말처럼 다채로운 공격을 펼치는 컴비네이션은 상대로 하여금 방어를 어렵게 하고 허점을 노출시키며, 공격의 주도권을 가져오게 만드는 전술입니다.

미리 자신이 어떤 컴비네이션을 사용할지 준비하십시오. 되도록 얼굴과 몸, 다리, 위 아래로 상대를 정신없이 몰아치며 방어를 힘들게 하는 전술일수록 좋습니다. 간결한 컴비네이션이라도 상대의 빈틈에 강력한 결정타를 꽂아 넣을 수 있는 전술이라면 그 역시 좋습니다.

5) 상대를 속이는 변칙적인 전술을 준비하라

손자병법 '세편'에 출기제승(出奇制勝)이란 말이 있습니다. 이는 변칙적인 전술로 승리한다는 뜻입니다.

전쟁에서는 정공법, 즉 일반적인 방법으로 승리할 수도 있지만 때로는 적군이 예측하기 힘든 변칙적인 작전으로 승리를 거두는 예를 더 쉽게 찾아 볼 수 있습니다.

킥복싱에서도 펀치와 킥의 일반적인 기술들로 공격을 할 수도 있지만, 늘 그 가운데 상대가 예측하지 못할 특별하고 기발한 공격을 준비하고 있다면, 경기를 좀 더 수월하게 이끌어 갈 수 있을 것입니다.

상대가 예상하지 못한 기술들이란, 킥을 낮게만 구사하던 선수가 갑자기 하이킥을 찬다던지, 전통적인 복싱 스킬을 보여주던 선수가 갑자기 백스핀 블로우를 친다던지 하는 것처럼 평상시 보여주지 않았던 변칙적인 기술을 사용해 공격하는 것이 대표적인 예라 할 수 있겠습니다.

(2) 기본 방어 전략을 준비하라

1) 상대 공격에 대한 기본 방어 전술을 준비하라

공격 전술을 갖추었다면 이제 적의 공격에도 대응할 준비를 해야겠지요.

이제는 방어의 전술을 준비할 차례입니다.

지금까지 킥복싱의 공격 기술에 대한 각각의 방어 방법에 대해 배웠을 것입니다.

이제 그 방어 방법들에 대한 확실한 자신만의 방법을 가져야 합니다.

'상대 크로스는 파링으로 쳐 내겠다.', '미들킥이 왔을 때 킥 가드로 막아내겠다.', '딥이 들어오면 잡아 넘어 뜨리겠다.' 와 같이 "어떤 기술이 오면 어떻게 방어하겠다!" 하는 계획을 확실히 가져야 합니다.

여러 가지 방어 방법을 알고 있는 것도 좋겠지만 한 가지 방법을 확실히 사용할 수 있는 것이 실전에서 더 도움이 될 것입니다.

2) 방어에 이은 반격, 카운터 어택 전술을 준비하라

손자병법 '세편'에 '이리동지 이졸대지(以利動之 以卒待之)'라는 말이 있습니다.

함정을 파고 상대에게 미끼를 던져 기습할 순간을 기다린다는 말입니다.

상대의 공격을 방어할 수 있다 해도 마냥 공격을 당하고만 있을 순 없습니다. 계속 공격을 당하기만 한다면 몸에 데미지가 쌓여 체력도 떨어지고 몸도 제대로 움직이기 힘들어 질 것입니다. 게다가 경기에서도 질 수 밖에 없을 것입니다.

상대의 공격을 방어했다면 상대의 공격 흐름을 끊고 자신이 공세 전환할 수 있어야 합니다.

공세 전환의 시작은 바로 반격, 카운터 어택으로부터 시작될 것입니다.

이미 배운 바와 같이 상대의 공격을 방어했다면 곧장 반격을 시도해 상대에게 데미지를 주고 공격의 주도권을 가져와야 합니다.

모든 공격에 대한 방어, 반격을 시도할 수도 있지만, 결정적인 한방의 반격을 노릴 방법, 단 한가지만을 가지고 있어도 됩니다.

예를 들어 상대가 잽을 치는 순간 복싱에서 '쓱빡' 이라 부르는 슬리핑 & 크로스 카운터로 반격을 하겠다던지, 상대방의 미들킥을 차는 순간 로우킥을 노리겠다던지, 확실한 자신만의 반격 방법을 준비해야 합니다.

바로 그것이 '이리동지 이졸대지', 함정 속에 숨겨 놓은 기습의 비기가 될 것입니다.

2. 상대를 파악하라

"지피지기 백전불태(知彼知己 百戰不殆)", 나를 알았다면 이제 적을 알아야 할 차례입니다.

내가 경기에서 만나는 상대를 파악하는 것은 매우 중요한 일입니다.

프로 킥복싱 선수들의 경우 경기 전 상대 선수들의 경기 영상을 분석하고 상대 선수의 스타일과 주된 기술들에 대해 파악합니다.

하지만 아마추어 대회의 경우 상대가 누군지도 모르고 대회에 출전하는 경우도 많고, 링에 오르고 나서야 상대가 어떤 선수인지 알게 되는 경우가 허다합니다.

　이럴 때는 첫 번째 라운드에 기본적인 공격을 던져 보며 상대의 스타일을 파악하고, 그에 따라 어떻게 대응할지 빠르게 결정해야 합니다.

(1) 상대 스타일에 따른 대응 전략

1) vs 인파이터

인파이터인 상대는 계속 안으로 파고들며 강한 타격을 넣으려 할 것입니다.

　서로 인파이팅으로 치고받으며 힘겨루기를 할 수도 있겠지만, 이때는 왼발 딥으로 상대와의 거리를 계속 유지하다가 상대가 러시해 들어오는 타이밍에 라이트 크로스나 니킥으로 받아치는 '카운터 파이터' 스타일의 경기를 펼친다면, 인파이터 상대가 쉽사리 공격해 들어오지 못할 것입니다.

2) vs 아웃파이터

'치고 빠지는' 아웃파이터는 빠른 풋워크를 바탕으로 한 선수들이기 때문에, 먼저 그 풋워크를 봉쇄할 수 있도록 해야 합니다. 상대를 코너에 몰아 넣거나 로우킥으로 상대의 다리를 집중 공략하는 방법이 가장 대표적인 아웃파이터의 공략 전술이 될 것입니다.

3) vs 카운터 파이터

상대의 공격을 기다렸다가 받아치는 카운터 파이터에게 먼저 공격을 한다는 것은 상당한 위험 부담이 따를 것입니다. 하지만 '반격' 이란 것도 단발성 공격에 대해서는 반응하기 쉬울지 몰라도 빠르고 다양한 컴비네이션에는 바로 반격하기 힘들어집니다. 일반적인 킥복싱 기술 외에 잘 쓰지 않는 변칙적인 패턴의 공격도 카운터 파이터가 대응하기 무척 까다로운 움직임이 될 것입니다.

4) vs 어드밴스 복서

복싱 기술이 탁월하고 펀치를 잘 쓰는 선수들 중에서 킥에 대한 공격과 방어가 부족한 선수들이 제법 많습니다. 상대가 펀치 위주의 경기를 펼친다면 함께 펀치로 맞받아치기 보다는 딥이나 킥, 로우킥으로 상대하는 것도 좋은 방법이 될 것입니다.

5) vs 낙무아이

낙무아이 스타일의 선수들은 한 방 한 방 강한 공격을 주효하게 사용하고, 상대의 킥을 잡아내거나 빰 클린치고 붙잡은 상태에서의 공격에 능한 경우가 많습니다. 반면에 펀치 컴비네이션에 취약한 경우도 많은데, 특히 가드를 눈썹까지 높이 올린 전통적인 무에타이 스타일의 선수일수록 펀치 컴비네이션 연타에 대한 방어가 약한 경우가 많습니다.

6) vs 유러피언 테크니션

펀치와 킥의 밸런스가 뛰어난 선수들은 킥복싱 경기에서 가장 상대하기 까다로운 선수들일 것입니다.

이렇게 공격 기술의 균형이 잘 잡힌 선수들일수록 의외로 공격 컴비네이션 연결 간에 빈틈을 보이는 경우가 있습니다. 기술이 좋은 상대를 만났을 때는 미리 한 두가지 상황에 대한 카운터를 염두에 두고 있다가 반격을 통해 상대에게 큰 데미지를 입힐 수 있도록 해야 합니다.

7) vs 마샬아츠 플레이어

태권도나 전통 무술의 현란한 발차기를 구사하고 변칙적인 움직임을 보여주는 마샬아츠 플레이어들은 상대방과 일정 거리를 유지하고 싸울 때 그 위력을 발휘하지만, 상대방이 근접 거리로 들어와 펀치 싸움을 걸어오거나 로우킥 타격 등 킥복싱의 일반적인 압박에 무너지는 경향을 보입니다. 또, 빰 클린치에 매우 취약한 경우가 많습니다. 경기에서 마샬아츠 플레이어를 만났을 때 상대방에게 근접전을 펼친다면 상대의 기세를 꺾고 상대의 움직임을 봉쇄할 수 있을 것입니다.

(2) 상대 신체 조건에 따른 대응 전략

1) 오서독스 vs 사우스포

오른손잡이와 왼손잡이, 서로 다른 스탠스의 상대가 만났을 때는 우선 "앞발을 잡아 먹기 싸움"이 일어납니다.

오른손잡이는 왼발, 왼손잡이는 오른발이 서로 마주 본 상태에서 경기를 하게 될 텐데, 이 때 서로는 서로의 앞발이 상대의 바깥쪽을 점유하여 거리상으로 유리한 위치를 점하려 합니다.

즉, 오른손잡이는 자신의 왼쪽, 상대의 오른쪽 어깨 바깥으로 접근하려 하고, 왼손잡이는 자신의 오른쪽, 상대의 왼쪽 어깨 바깥으로 풋워크를 가져가게 됩니다. 이렇게 되면 자신의 강한 쪽 손과 발을 근거리에서 상대를 향해 좀 더 강한 힘으로 타격할 수 있게 됩니다.

공격 방법에 있어서도 상대의 강한 쪽을 킥으로 공격하는 방법을 우선하게 됩니다. 즉, 오른손잡이는 오른발로 상대의 왼쪽을 집중 공략하고, 왼손잡이는 왼발로 상대의 오른쪽을 공격하기도 합니다.

2) 장신 vs 단신

킥복싱과 같은 입식 격투기에서 신장과 리치의 우세는 곧 경기에서의 우세로 이어질 수 있습니다.

신장과 리치가 긴 선수는 상대의 공격이 닿지 않는 거리에서도 자신의 공격을 꽂아 넣을 수 있습니다.

장신의 선수가 상대방과의 거리를 유지하며 긴 리치를 이용해 아웃파이팅을 펼친다면 어느 누구도 쉽게 상대할 수 없을 것입니다.

반면 단신의 선수가 장신의 선수가 만났다면 일정 거리를 유지하고 경기 하다가는 아무런 소득도 얻기 힘들 것입니다. 이런 경우에는 자신의 스타일과 무관하게 인파이팅을 펼쳐야 하는 경우가 많습니다. 로우킥 등으로 치고 빠지는 아웃파이팅을 펼치는 방법도 있겠으나, 자신보다 훨씬 우월한 신장과 리치의 선수를 상대로 하는 아웃 파이팅은 '치고 빠지지 못하고' 상대의 타격에 걸리는 경우도 많고, 비슷한 신장의 상대에 비해 훨씬 더 많은 풋워크를 해야 하기 때문에 체력 소모도 심할 수 있습니다.

3. 경기에서 지도자의 역할

경기에 선수와 동행하는 지도자를 "세컨드(Second)" 라고 합니다.

보통 선수 당 2명의 세컨드가 동행할 수 있고, 이 중 1명의 세컨드가 휴식 시간 중 경기장 안으로 들어와 선수에게 도움을 줄 수 있습니다.

경기에서 세컨드의 역할은 휴식 시간 마다 선수가 빠르게 체력을 회복하고 부상 부위를 치유할 수 있도록 조치하는 것입니다.

휴식 시간 마다 세컨드 1명은 경기장 안으로 들어와 선수의 마우스피스를 빼주고 트렁크를 당겨 늘려주며 좀 더 호흡을 편하게 할 수 있도록 도와줘야 합니다. 글러브를 낀 선수에게 물을 먹여주기도 하는데, 이 때 선수가 너무 물을 많이 마시지 않도록 조금씩 물을 주어야 하고, 되도록 물로 입을 헹구고 뱉어낼 수 있게만 하는 것이 좋습니다. 물을 너무 많이 마시면 더 쉽게 지치고 몸도 무거워질 뿐 아니라 물을 많이 마신 상태에서 복부를 맞게 되면 그 데미지가 더 커지기 때문에, 물을 너무 많이 마시지 않도록 하는 것입니다.

이 때 경기장 밖에 있는 세컨드는 선수의 체온을 식혀주기 위해 타올로 부채질을 해주거나 얼음주머니를 몸이나 부상 부위에 대주어 선수가 빠르게 회복할 수 있도록 도와야 합니다.

휴식 시간을 이용해 세컨드는 선수에게 경기에 대한 작전을 지시할 수도 있습니다. 선수가 보지 못하고 생각하지 못한 부분이 있다면 세컨드가 빠르게 조언해 줄 수 있어야 합니다.

만일 선수가 부상을 당할 우려가 있거나 더 이상 경기를 하기 힘들 정도로 고전하고 있다면, 세컨드는 경기장 안으로 타올을 던져 경기를 포기할 수 있습니다.

세컨드를 맡은 지도자는 "경기는 선수 혼자서 싸우는 것이 아니라, 선수와 세컨드, 모두가 함께 싸우는 것이다." 라는 사실을 명심하고 경기에서 적극적으로 선수를 도울 수 있도록 해야 합니다.

에필로그(Epilogue)

　이 책이 나오기 까지, 킥복싱 지도자 골든메인 체육관의 관장으로 살아오며 너무나 감사한 분들이 많습니다.

　먼저 이 책을 출판할 수 있게 도와주신 혜성출판사 김상일 사장, 칸 스포츠 이용복 대표, 법무법인 청연 최홍락 실장님께 진심으로 감사드립니다.

　부족한 저를 믿어주시고 책을 출판할 수 있는 길을 열어주셨기에, 오늘 날 이 책이 나올 수 있었습니다.

　지도자로서 나에게 첫 번째 승리를 안겨주었던 주영이, 골든메인의 첫 번째 국가대표 도오, 앞으로 선수로서 더 크게 발전하길 바라는 민석이, 지환이, 효정이, 멋진 경찰을 꿈꾸는 강서구 얼짱 지송이, 요리와 운동, 두 분야 모두 최고의 기량을 뽐냈던 한마루, 정다영 회원님, 하이킥이 멋진 민희, 체육관의 귀염둥이 준영이, 늘 꾸준하게 자신을 수련해온 태하, 아무리 어려운 일도 꾸준히 하면 된다, 라는 사실을 보여준 도현이, 늘 도전하는 삶이 무엇인지 보여주신 이종원 회원님, 바쁜 일상에도 퇴근 후면 늘 체육관에서 킥복싱 수련에 매진해 주셨던 최성진 회원님, 이승조 회원님, 이승현 회원님, 조현철 회원님, 하상근 회원님, 도정헌 회원님, 노광진 회원님, 이우열 회원님, 신순영 회원님, 백제훈 회원님, 배주욱 회원님, 류소영 회원님, 전혜림 회원님, 나후삼 회원님, 윤희경 회원님…….

　그리고 멀리서나마 항상 나를 믿고 응원해주신 어머니와 할머니, 나의 가족들…….

　직접 말하기 쑥스럽고 부끄러워 잘 말하지 못했지만,

　나와 함께 해주신 모든 분들에게 감사하고 사랑한다고 말씀 드리고 싶습니다.

― 2017년 봄. 이 글을 마치며.

강덕화